내 편은 아무도 없고 겨우 매달려 있을 때,
당신은 어떤 선택을 하겠는가?
자포자기하고 그대로 손 놓고 포기할 것인가,
아니면 오직 하나님만 내 편임을 기억하며
그분의 손을 꽉 잡고 그 자리를 벗어날 것인가?

내 편은 아무도 없었다

내 편은 아무도 없었다

꿈이 아니라 은혜로 풀리는 인생

홍민기

규장

내 편이 아무도 없을 때
오직 은혜가 이끈다

'꿈 꾸는 사람 요셉'에 대해 나는 어렸을 때부터 이해가
잘 되지 않았다.

"요셉은 꿈을 꾸는 사람이었습니다. 요셉은 위대한 꿈
대로 사용 받은 사람입니다. 그러니 여러분, 큰 꿈을 꾸
십시오. 여러분도 꿈의 사람이 되어야 합니다."

교회에서는 항상 이런 말씀을 들었다.

장래 희망을 품고 비전을 갖는 것은 이해할 수 있지만,
요셉의 꿈은 그런 꿈이 아니지 않은가?

어느 누가 자신의 힘으로 꿈을 꿀 수 있나? 자기가 원

하는 대로 꿈을 꿀 수 있는 사람이 도대체 어디 있을까?
사람들은 왜 그 꿈에 그렇게 관심이 많을까?

꿈대로 된 사람들이 많을까?
내 마음대로 된 것이 없는 사람들이 많을까?

요셉은 부잣집에서 아버지의 총애를 받으며 자란 버릇
없고 철없는 아이다. 안하무인. 사전적으로 풀이하면 방
자하고 교만하여 다른 사람을 업신여기는 것을 이르는
말이다.

딱 요셉이다. 꿈을 꾸었는데 형들이 다 자기에게 절을
한다는, 자신에게 유리한 내용이었다. 요셉 입장에서는
생각만 해도 기분이 좋았겠지만, 형들은 분명 기분 나쁠
꿈이었다.

성숙한 사람은 그저 웃고 지나간다. 그러나 요셉은

그 내용을 형들에게 말하고 격분하게 한다. 그것도 두 번이나.

요셉은 꿈꾸며 비전으로 살아간 사람이 아니다. 성경에 등장하는 많은 이들처럼 그도 문제투성이다. 요셉이 뛰어난 것이 아니다. 은혜의 하나님이 그를 만들어가셨다.

모두가 내 편인 것 같고 무엇이든 내 뜻대로 될 것만 같았던 철없던 요셉은 깊은 구덩이에서 세상에 내 편이 아무도 없음을 깨달았을 때, 오직 하나님만 내 편임을 절실히 알았던 그 순간부터 하나님의 손을 간절히 붙잡고 철저히 하나님과 동행하는 자로 완전히 변화되었다.

요셉의 이야기는 그가 뛰어나고 훌륭해서 사용 받은 특별한 사람의 이야기가 아니다. 하나님이 베푸신 은혜의 이야기다. 그래서 오늘 우리같이 매일 힘겨운 사람들도 요셉을 바라보며 주님을 붙잡을 수 있다.

편애하는 아버지,

버릇없는 아들 요셉,

그 둘에게 상처받은 형제들.

성한 사람이 하나도 없다.

꿈보다 은혜다.

비전보다 사랑이다.

옳음보다 겸손이다.

자랑보다 섬김이다.

성령의 열매가 모두 인격적인 변화들이라면, 예수를 믿는 사람은 반드시 변화해야 한다. 요셉은 고통의 시간 동안 하나님과 동행함으로 성숙한 하나님의 사람으로 변화되었다. 하나님과 동행했기 때문에 주신 하나님의 은혜였다.

그 변화가 오늘 우리에게도 있기를, 그래서 하나님께
쓰임 받는 은혜의 사람이 되길 기도한다.

한 걸음이 버거운 오늘을 사는 이들에게
요셉의 이야기는 성숙을 향한 발걸음이다.
요셉처럼 그렇게 한 걸음씩 따라간다.
예수를 닮은 사람이 되려고.

꿈보다 은혜를 주신 하나님께 감사하며

홍민기

CONTENTS

CHAPTER 1

꿈보다
더 큰 은혜

창세기 37장 5-11절

5 요셉이 꿈을 꾸고 자기 형들에게 말하매 그들이 그를 더욱 미워하였더라
6 요셉이 그들에게 이르되 청하건대 내가 꾼 꿈을 들으시오 7 우리가 밭에서
곡식 단을 묶더니 내 단은 일어서고 당신들의 단은 내 단을 둘러서서 절하더
이다 8 그의 형들이 그에게 이르되 네가 참으로 우리의 왕이 되겠느냐 참으
로 우리를 다스리게 되겠느냐 하고 그의 꿈과 그의 말로 말미암아 그를 더욱
미워하더니 9 요셉이 다시 꿈을 꾸고 그의 형들에게 말하여 이르되 내가 또
꿈을 꾼즉 해와 달과 열한 별이 내게 절하더이다 하니라 10 그가 그의 꿈을
아버지와 형들에게 말하매 아버지가 그를 꾸짖고 그에게 이르되 네가 꾼 꿈
이 무엇이냐 나와 네 어머니와 네 형들이 참으로 가서 땅에 엎드려 네게 절하
겠느냐 11 그의 형들은 시기하되 그의 아버지는 그 말을 간직해두었더라

요셉은 완벽한 사람이 아니다

사람이 완벽할 수는 없지만, 특히 성경에 등장하는 인물들은 빈틈투성이에다 상처 가득하고 자존감이 낮은 사람들이 많다.

꿈의 사람 요셉.
구약의 인물 중에서도
예수님과 가장 닮았다는 요셉.

이것은 그의 탁월함 때문이 아니라 그의 삶 과정 과정에 등장하는 하나님의 은혜 덕분이다.

은혜 없이 누가 살 수 있나? 성경은 탁월한 믿음의 사람들의 이야기가 아니다. 말씀으로, 동행해주심으로, 만져주심으로 변화되어가는 사람들의 이야기다.

사람은 모두 관객이자, 배우다. 삶이라는 영화에 감독은 하나님이시고, 우리는 그분이 기용하신 배우다. 그러나 아픔과 고난 속에서 우리는 배우의 자리에서 관객의 자리로 옮겨진다. 그리고 그 자리에서 하나님의 일하심을 목격한다.

요셉도 그랬다.

요셉이 '꿈꾸는 사람'이라고들 하지만, 꿈이 중요한 것이 아니다. 사람은 자기가 원하는 꿈을 꿀 수 없다. 잠들기 전에 '이런 꿈을 꾸면 좋겠다' 생각한다고, 그 꿈을 꾸는 경우는 무척 드물다.

요셉이 꿈을 꾸었다.
그리고 그 꿈을 자랑했다.

요셉은 성숙하지 못했다. 형들에게 꿈 내용을 그대로

이야기한 것은, 자기만 생각하는 미숙함이다. 가족의 마음은 생각하지 않고 잘난 척하는 교만이다. 꿈이 신비로울수록 더욱 조심했어야 했다.

요셉은 두려운 것이 없었다. 아버지가 총애했고, 자신은 특별한 존재라고 생각했다. 세상 모두가 자기 편인 것 같았고, 자기가 원하는 대로 뭐든 될 줄 알았다.

그러나 하나님은 특별한 존재를 사용하시는 것이 아니다. 주님은 성숙하고 온전한 자를 사용하시는 것이 아니다. 주님은 우리를 은혜로 잡아주신다.

은혜는 우리가 무언가를 잘해서 받는 것이 아니다. 거저 주시는 것이다!

꿈보다 은혜.
요셉의 탁월함이 아니라
오직 하나님의 전능하심에,
요셉의 꿈이 아니라
하나님의 은혜에 집중해야 한다!

편애는 모두를 망가뜨린다

우리는 하나님이 창조하신 질서 안에서 사는 존재다. 그러나 인간은 마음대로 살고 싶어 한다. 죄는 마음대로 살 때 나타나는 증상이다. 자기 주관에 따라 질서를 정하는 것이 죄다. '무늬만 기독교인'인 자들의 특징은 자기 주관에 '예수님'이란 단어를 얹는 것이다. 예수님의 말씀은 없고 자기 생각을 예수님이라는 단어에 싣는다.

요셉은 야곱이 늙은 나이에 낳은 아들이다. 야곱은 요셉을 깊이 사랑했다.

요셉은 노년에 얻은 아들이므로 이스라엘이 여러 아들들보다 그를 더 사랑하므로 그를 위하여 채색옷을 지었더니

창 37:3

자신이 사랑했던 여인에게서 얻은 아들이기도 했고, 또 똘똘한 요셉이 사랑스러웠을 것이다.

선배 목사님 중에 마흔이 넘어 자녀를 얻은 분이 있는데, 그 분이 이런 말을 한 적이 있다. "자녀가 모두 귀하

지만 마흔 넘어 낳은 자녀는 특별하다"고.

편애하면 안 되었지만, 야곱은 요셉을 편애했다. 눈에 넣어도 안 아플 만큼 사랑스런 아들이었다. 그러나 편애는 모두를 힘들게 한다.

요셉은 미숙했다

편애를 받는 대상은 괜찮을 것 같지만 그렇지 않다. 형제들은 요셉을 원수같이 봤고, 요셉은 그들을 같잖게 봤다. 편애, 그 사랑을 받아도 미숙해지고, 못 받으면 삐뚤어진다. 요셉은 미숙했고 교만했다.

요셉이 십칠 세의 소년으로서 그의 형들과 함께 양을 칠 때에 그의 아버지의 아내들 빌하와 실바의 아들들과 더불어 함께 있었더니 그가 그들의 잘못을 아버지에게 말하더라 창 37:2

요셉은 형제들의 잘못을 아버지에게 쪼르르 달려가 고자질했다. 내 어릴 때 경험을 돌아보니, 고자질하는 사람치고 좋은 사람 못 봤다. 얄미운 애들이 고자질도 잘 했다. 요셉은 한마디로 아버지가 자기만 특별하게 사랑한다는 것을 믿고 형들까지도 우습게 여기는 안하무인이었다.

그런 요셉이 비슷한 꿈을 두 번이나 꾸고, 그 이야기를 두 번이나 했다. 눈치도 없고, 배려는 더더욱 없다. '나는 형들이랑 달라' 하는 교만이 줄줄 흘러 형제들의 마음에 비수로 꽂힌다.

교만하니까 말하는 것이다. 조금이라도 겸손했다면, 다른 사람 기분 신경 쓰는 사람이었다면 말 안 했을 것이다. 최소한 눈치라도 좀 있었더라면 적어도 두 번째 꿈 이야기는 안 했을 것이다. 처음 꿈 이야기를 듣고 형들이 기분 나빠했으니 말이다. 하지만 요셉에겐 상관없었다. 왜? 내가 최고였기 때문이다.

나 중심의 교만한 사람. 미숙한 사람. 이 미숙함과 교만이 공동체를 무너뜨린다.

형제들은 삐뚤어져 있다. 심사가 뒤틀려 있다. 요셉이 그렇게 했다 한들, 그렇다고 그렇게까지 요셉을 미워할 일은 아니지 않은가? 삐뚤어진 그들에겐 하나님이 없다. 전적으로 상황 중심으로 살아갈 뿐이다.

사람이 주어진 상황에서, 상황만 보면 절대로 이겨낼 수 없다. 그 상황에 잡혀 있으면 하나님의 사람다운 결정과 결단을 내릴 수 없다. 하나님 중심으로 바라보지 않으면 죄악을 선택할 수밖에 없는 것이다. 죄를 선택하며, 이것이 정당하다고 우긴다.

'요셉이 이런 놈이니까 우리는 이럴 수밖에 없다.'

상황이 이러니까 이럴 수밖에 없다는 것이다.

우리는 죄를 선택할 때마다 정당성을 이야기한다. '나는 어쩔 수 없이 이렇게 했다'라거나 '나니까 이정도였지 진짜 나쁜 놈이었으면 더했을 거야'라고. 그러니까 자기가 나쁘다는 것을 인정하더라도 진짜 나쁘지는 않다는 것이다.

이런 식으로 정당성을 추구하는 것은 영적으로 굉장히

무서운 일이다. 이런 사람들은 하나님을 믿어도 자기 멋대로 행하며 이렇게 생각한다.

'하나님께서도 이 부분은 용서해주실 것이다. 하나님도 이해해주실 것이다.'

이러다 보면 성경대로 승리할 수 없게 되어버린다. 성경은 성경이고, 나는 나대로 살아가게 된다.

하지만 우리의 도덕과 윤리는 이 세상 수준이 아니라 하나님의 수준이어야 한다. 상황 중심이 아니라 하나님 중심으로 바라보아야 한다. 하나님 중심으로 바라보면 상황은 다르게 전개된다. 시험을 당해도 기뻐할 수 있다. 하나님 중심으로 살면. 이 땅의 가치로 살지 않으면.

내 형제들아 너희가 여러 가지 시험을 당하거든 온전히 기쁘게 여기라 이는 너희 믿음의 시련이 인내를 만들어 내는 줄 너희가 앎이라 인내를 온전히 이루라 이는 너희로 온전하고 구비하여 조금도 부족함이 없게 하려 함이라 **약 1:2-4**

이것이 하나님 중심인 사람들의 반응이다. 어렵다. 굉장히 어려운 일이다. 하지만 불가능하지 않다.

하나님의 말씀을 보며 '이 말씀대로 사는 것은 너무 어렵다, 불가능하다'라고 생각하며 아예 시도도 안 해버리는 정당화를 하지 말라. 할 수 있다.

하나님 중심으로 상황을 바라보지 않으면 모든 관계나 상황에서 상처를 받는다. 영원할 것 같은 관계도, 평탄할 것 같은 상황도 계속되지 않을 수 있다. 사람은 신뢰의 대상이 아니다. 오직 하나님만 신실하시다.

고난 속에서 하나님의 신실하심을 붙잡는 것은 어렵다. 오히려 분노하고 원망하기가 쉽다. 상황을 바라보면 하나님의 약속이 들리지 않는다. 그러나 이 땅은 우리의 목적지가 아니다. 이 땅은 우리의 가치가 아니다. 천국을 마음에 두고 세상의 가치가 아닌 영적인 가치를 바라보면 분노가 가라앉는다. 그래서 고통 속에서 진짜 믿음을 가졌는지가 드러난다.

작은 아픔과 고통만 다가와도 하나님을 믿지 않는 자처럼 자신의 감정에 휩쓸려 살아가지 말라. 하나님 중심으로 하나님을 바라보며 감당할 수 있는 훈련의 분량만 주셨다는 것을 잊지 말고, 묵묵히 시험을 견디어내자. 그

과정 속에서 성숙의 열매가 나타날 것이다. 상황과 사람의 판단과 평가에 민감하게 반응하지 말고 오직 하나님만 바라보자.

모든 상황 속에서 자신이 피해자라고 생각하지 말라. 그 상황 속에서도 하나님이 나의 주인이시다. 주인이 원하시는 것을 해야 한다. 피해 의식에 젖어 상황과 환경의 피해자로 살지 마라. 모든 사건에 내가 피해자라는 생각은 건강하지도, 기독교적이지도 않다. 가치를 세상에 두지 않아야 세상의 어떤 것 때문에 마음이 상하지 않을 수 있다.

편애만큼 안 좋은 것이 질투다. 질투로 관계에 틈이 생긴다. 관계로 마음이 상한다. 사탄은 큰 고난을 통해 우리를 쓰러뜨리는 것이 아니다. 작은 틈으로 들어와 나를 뒤집어놓는다.

'저 사람은 하나님께 편애를 받는 것 같다. 물질부터 모든 것이 풍성해 보인다. 하나님은 나에게는 인색하신 것 같다.'

이런 생각들이 틈이다.

우리는 겸손과 지혜를 간구해야 한다. 혀는 뼈가 없어도 마음을 무너뜨릴 수 있다. 세우고 살리는 것이 믿음의 사람의 할 일이다.

우리에게도 주셨다, 꿈보다 더 큰 은혜!

요셉은 미숙했다. 이기적이었다. 요셉도 우리처럼 실수가 잦다. 하나님이 탁월한 사람 요셉을 사용하셨던 것이라면, 우리는 어림도 없다. 하지만 주님의 '은혜의 스토리'인 요셉의 이야기는 우리의 이야기가 될 수 있다!

요셉의 이야기는 비전의 사람, 꿈꾸는 사람, 탁월하고 신앙 좋은 사람의 이야기가 아니다. 요셉은 꿈의 사람이 아니라 은혜의 사람이다.

요셉의 삶 역시 꿈대로 되지 않는 시기가 있었다. 숨도 쉴 수 없는 고통을 거쳐야 했다. 꿈을 꿀 수 없는 상황. 꿈도 꿀 수 없는 상황. 그런 때에도 하나님은 그와 동행하셨다.

요셉이 채색옷을 입고 있을 때만 하나님이 동행하신 것

이 아니라, 그가 형제들에게 미움을 받고 있을 때도, 구덩이에 빠져 있을 때에도, 숨도 쉬기 힘들 만큼 고통스러웠을 때에도 그와 동행하셨다.

그의 삶 이야기는 구덩이에서도 함께하시는 하나님을 경험하고 나서야 변화한, 은혜의 스토리다.

꿈보다 더 큰 은혜.
상황보다 더 큰 은혜.
고통보다 더 큰 은혜.

요셉의 삶 속의 변화는 고통 속에서 훈련됨으로 일어났다. 변화는 공짜로 얻어지거나 저절로 얻어지지 않는다.

오늘의 삶이 내일의 거룩함이 되길,
오늘의 묵상이 내일의 길이 되길,
오늘의 기도가 내일의 결단이 되길!

오늘 경험한 삶을 통해 내일의 내가 더 거룩해지기를 바란다. 오늘 읽은 말씀이 읽는 것으로 끝나는 것이 아니라 그 말씀이 내일의 나의 길이 되기를 바란다. 오늘 내가 드린 기도가 내일의 나의 판단과 결단이 되기를 바란다. 그래서 요셉의 인생이 완전히 변화되었던 것처럼 우리의 인생도 완전히 변화될 줄로 믿는다.

　온전치 않고 미숙했던 요셉을 사용하셨던 하나님, 그 하나님이 온전치 않고 미숙한 우리도 사용하신다. 하나님의 놀라운 사용하심에 쓰임 받기를 소원한다.

　허공에 맴도는 신앙을 끝내라.
　더 이상 대충 신앙생활 하지 마라.
　상황 속에서 흐트러지지 말고
　하나님의 사람답게,
　하나님의 가치로 살아가라.
　꿈보다 더 큰 은혜를 이미 주셨으니, 반응하라!

CHAPTER 2

구덩이
안에서

18 요셉이 그들에게 가까이 오기 전에 그들이 요셉을 멀리서 보고 죽이기를 꾀하여 19 서로 이르되 꿈 꾸는 자가 오는도다 20 자, 그를 죽여 한 구덩이에 던지고 우리가 말하기를 악한 짐승이 그를 잡아먹었다 하자 그의 꿈이 어떻게 되는지를 우리가 볼 것이니라 하는지라 21 르우벤이 듣고 요셉을 그들의 손에서 구원하려 하여 이르되 우리가 그의 생명은 해치지 말자 22 르우벤이 또 그들에게 이르되 피를 흘리지 말라 그를 광야 그 구덩이에 던지고 손을 그에게 대지 말라 하니 이는 그가 요셉을 그들의 손에서 구출하여 그의 아버지에게로 돌려보내려 함이었더라 23 요셉이 형들에게 이르매 그의 형들이 요셉의 옷 곧 그가 입은 채색옷을 벗기고 24 그를 잡아 구덩이에 던지니 그 구덩이는 빈 것이라 그 속에 물이 없었더라

'인간은 안 변한다'라는 말을 많이 한다. 그러나 사실 인간처럼 많이 변하는 존재도 없다. 긍정적으로 변하면 좋은데, 안 좋게 변하기도 한다.

대개 사람은 고난을 통해 변화한다. 하지만 그 변화가 항상 긍정적이진 않다.

어떤 이들에겐 고난이 축복이 되지만,
어떤 이들에게는 쓴 뿌리가 되어 무거운 짐이 된다.
상황 속에서 하나님을 만나는 시간이 없으면,
고난 자체가 사람을 긍정적으로 변화시키지 못한다.

모든 상황의 주권자이신

하나님을 만나지 못하면

고난은 쓴 뿌리가 된다.

1장에서 살펴본 요셉은 꿀밤 한 대 딱 때리고 싶은 얄미운 대상이다. 형들에게 자신의 꿈을 말하면서 당당하게 "형들이 다 나에게 절할 거야!"라고 말한다.

어릴 때부터 요셉을 향한 아버지의 편애를 바라보며 자란 형들의 마음속엔 항상 불만이 있었는데, 그 마음에 기름을 붓듯 이기적인 동생 요셉은 형들의 기분은 아랑곳하지 않고 자기 할 말만 한다. 형들은 당연히 그를 더욱 미워했다.

미움이란 틈

마음의 틈을 타고 일하는 악한 사탄이 이 기회를 놓치지 않는다. 감정이 상하면 사탄은 작전을 개시한다.

물론 감정은 상황 속에서 상하지만, 고난이 모든 이에게 쓴 뿌리가 되지 않듯이 상황을 뛰어넘어 믿음의 결정을 하는 사람들은 언제든지 있다.

비가 오면 생활에 불편을 느낄 수 있어도 그 비로 자연은 생명력을 발산한다. 그들의 색깔을 띠고 비를 반긴다. 나에게 주어진 상황을 사람 중심이나 상황 중심으로 바라보면 끝까지 상처를 받는 사람이 될 수밖에 없다.

형제들은 미움이란 틈으로 역사하는 사탄을 느끼지 못했다. 상처가 깊을 때 하나님을 찾지 않으면 영적으로 무너지는 것을 알지 못한다. 상식적으로 절대 안 되는 일인데, 감정이란 놈이 판단을 흐리게 만든다.

대부분의 살인은 정신적 원인이 아니라면 미움에서 시작된다. 어느 누가 처음부터 아무 감정 없는 누군가를 죽이겠다고 작정하겠는가? 그러나 미움이라는 감정에 휘둘리면 살인이라는 죄악으로까지 발전할 수 있다. 물론 상황에 따라선 상대방이 원인을 제공했을 수도 있다. 하지만 그렇다 하더라도 살인은 절대 저질러서는 안 되는 죄악이다.

마찬가지로 우리의 영은 미움을 담는 그릇이 되어서는 안 된다.

아담과 하와는 첫 죄악을 저지르고 자신들의 잘못이 아닌 것처럼 반응했다. 사탄의 유혹과 상황이라는 걸림돌 때문이었다며 핑계만 댈 뿐. 죄는 핑계를 대게 한다. '난 어쩔 수 없었어'라는 회피 속에 타협하지만, 살인이 일어선 안 되는 일이듯이 미움, 질투, 비방도 하나님의 영으로 창조된 영의 사람에겐 적합하지 않다.

언제까지 죄악의 피라미드 속에 갇혀서
내가 지은 이 정도 죄는 어쩔 수 없었던 것이고
남이 지은 또 다른 죄는
있어선 안 될 아주 큰 죄악이란
생각 속에서 살 것인가?
모든 죄는 하나님 앞에서 악하다.
지금 감정을 휘두르고 있는 죄악을 가만히 두지 마라.

브레이크 없이 질주하는 분노

창세기 37장에서 야곱은 먼 곳에서 양들을 먹이고 있는 요셉의 형들이 어떻게 하고 있는지 살펴보고 오라고 요셉에게 심부름을 시킨다. 여기서 문제가 분명히 드러난다. 형들은 다 나가서 일하고 있는데 요셉은 집에 있었다. 분명한 편애다. 형들은 지금 요셉을 보기만 해도 울화가 치밀어오르는데, 그 형들이 일하고 있는 곳으로 요셉이 가게 되었다. 그리고 무슨 일이 벌어졌는가?

18절에 보면 형제들은 요셉을 죽이기로 꾀했다.

> 요셉이 그들에게 가까이 오기 전에 그들이 요셉을 멀리서 보고 죽이기를 꾀하여 **창 37:18**

모든 죄악의 출발은 생각이다. 하나님께서는 우리에게 지정의(知情意)를 주셔서 감정을 다스릴 수 있게 하셨다. 그러나 미움이 커지니 분노가 되었고, 이미 그 분노는 브레이크 없는 자동차처럼 질주하기 시작했다. 그 결과 일상에서 일어나면 안 되는 범죄조차 타당하게 보이게 했다. 죄악이 타당하다고 타협해버리면, 영은 죽는다.

생각에서 시작된 죄악은 어디로 발전하는가? 20절에서 형제들은 구체적으로 죄를 준비하는 모습을 보여준다. 거짓으로 살인을 비롯한 모든 죄악을 자신들이 덮을 수 있다고 생각한다. 어떤 죄악도 그 한 가지 죄로 끝나지 않는다. 복합적인 여러 가지 죄악들이 섞이기 시작하며 죄악의 잔치가 되어간다.

지금, 형제들의 생각 속에 하나님이 계시지 않는다. 하나님이 보고 계시는 것은 중요하지 않게 되었다. 미움이라는 감정이 그들의 주인이 되어버렸다.

나도 죽고 너도 죽고 다 죽자는 심보도 물론 악하지만, '너만은 반드시 죽인다'는 마음은 증오에서 나오는 것이다. 이 마음 때문에 인류의 첫 번째 살인 사건도 일어나지 않았는가? 동생이 칭찬받는 것을 기뻐하지 못하고 미워하는 마음을 키우자, 그 마음이 증오가 되었다.

살리기로 선택하는 것

형제 대부분이 요셉을 죽이는 일에 혈안이 되어 있을 때 르우벤과 유다 두 형제는 그러지 않았다. 요셉의 목숨만은 살리기 원했다.

르우벤이 형제들에게 제안했다.

"그의 생명은 해치지 말자. 구덩이에 던지고 손을 그에게 대지 말라."

그리고 나중에 살짝 빼주어 아버지에게로 돌려보내주어야겠다고 생각했다. 크게 한 일은 없다. 하지만 죽이려는 생각이 아닌 살리려는 생각을 했던 르우벤과 유다는 후에 복을 받는다.

동일한 상황이다. 그런데 동일한 상황에서 다른 결정을 한다. 죽이려는 자들이 있고, 살리려는 자들이 있다. 우리는 살리는 자가 되어야 한다.

똑같은 상황에서, 똑같은 대우를 받았어도 다른 결정을 하는 사람이 있다. 선으로 악을 이기기는 너무 어렵다. 하지만 그렇게 살아가는 사람들이 있다.

작은 행동이 큰 결과를 가져다준다. 작은 선행도 그리고 작은 악행도 상상하지 못하는 결과를 가져다준다. 브라질에 있는 나비의 작은 날갯짓이 대기에 영향을 주어 긴 시간이 흐른 뒤, 미국을 강타하는 토네이도 같은 엄청난 결과를 가져오는 것처럼, 우리의 삶에서 오늘 하는 작은 선택이 나중에 어떤 결과로 돌아올지 모른다.

영적인 삶은 예배나 성경 공부에 국한되지 않는다. 당신은 수없이 많은 선택 속에 어떠한 가치의 기준으로 살아가고 있는가? 그리고 그 선택이 주님과의 동행을 의미하는가? 작은 선택들이 나중에 어떠한 결과로 돌아올지 생각하며 주님의 마음으로 선택하는 삶을 살아야 한다.

우리의 목표는 예수 그리스도를 닮아가는 삶이다. 선으로 악을 이기는 삶이다. 억울한 일을 당했을 때에는 그 일을 하나님 앞에 온전히 올려드리고 하나님의 행하심을 기다리는 삶을 살아야 한다.

마음을 다스리면 죄악을 막을 수 있다

울화통이 터질 때, 분노가 치밀어오를 때 생각을 정지할 수 있는 브레이크가 있어야 한다. 감정에 둘러싸여 최악의 결정을 하지 않도록 제어해야 한다. 그 브레이크는 '말씀'이다. 말씀이 기억나면 멈출 수 있다.

하나님의 말씀이 우리를 지배해야 감정에 휩싸였을 때도 하나님의 말씀이 등장한다. 하나님의 말씀이 나를 지배하면 하나님 말씀의 열매가 나오고, 세상의 가치가 나를 지배하면 세상의 가치가 열매로 맺힌다.

악한 생각을 하고, 악한 마음을 먹고, 악한 계획을 짤 때 말씀에 지배받는 사람은 하나님의 말씀이 브레이크를 건다. 성령께서 그 악한 계획을 멈추어주신다.

아무리 풀옵션의 최고급 세단이라 해도 브레이크가 없으면 아무도 그 차를 안 탄다. 인생도 마찬가지다. 우리 삶 속에 여러 가지 죄악의 순간이 닥칠 때, 성령께서 브레이크를 걸어주시면 멈출 수 있어야 한다.

말씀에 지배를 받고, 예수님이라면 어떻게 하실지 묵상하자. 그러면 완벽한 시나리오라고 생각한 구체적인 계획이 흔들리고 말씀이 그 자리를 대체한다. 말씀이 우리를 지배할 때 회개하며 회복한다.

구덩이에선 하늘만 열려 있다

르우벤의 제안 덕분에 목숨은 구했지만, 요셉은 구덩이에 던져졌다. 아침까지만 해도 꿈 이야기를 하며 마음대로 될 것 같았던 인생이 지금 구덩이 속에 있다. 마음대로 되지 않는다. 그곳에 내 편은 아무도 없다.

요셉이 던져진 구덩이는 물이 없는 구덩이였다. 당시 목동들은 광야를 다니면서 서로를 위해 구덩이를 파고 그 구덩이에 물을 채워두었다. 그러면 물이 부족한 광야에서 그 구덩이는 가축과 목동들을 살리는 곳이 된다.

그런데 사람을 살리는 구덩이에서 지금 요셉이 죽어가고 있다. 살다 보면 이럴 때가 있다. 내가 생각할 때 이곳이 맞는 곳이었는데, 내가 생각할 때 여기에 가면 사는 것이었는데 그곳에서 죽음의 위기를 맞을 때가 있다. 내가 선택한 것이 하나님의 것이 아닐 때가 있다. 하나님께서 원하시는 본질이 아닌 다른 것을 선택할 때 우리의 삶은 목마른 삶이 되고, 죽어가는 인생이 된다.

인생이라는 여정은 수많은 구덩이의 연속이다. 구덩이는 깊은 고통과 절망의 장소다. 때로는 빠지기도 하고 때로는 지나가기도 하지만, 사람은 자신의 인생을 마음대로 할 만큼 능력이 있지 않다. 하루를 온전하게 주님과 동행하며 사는 것이 중요한 이유다.

채색옷은 이미 찢겨 버려졌고 형제들은 자신을 어떻게 죽일 것인지를 고민한다. 앞뒤 좌우가 다 막힌 구덩이 속에서 아무리 외쳐보아도 누구도 도와줄 사람이 없다. 구덩이에선 하늘만 열려 있다. 하늘로 향하는 길은 열려 있다. 이 세상 어느 구덩이도 하늘을 향한 길을 막을 수는 없다.

구덩이가 없는 인생은 없다.
구덩이의 시간이 없는 인생은 없다.
아픔의 시간과 고통의 시간과
절망의 시간이 없는 인생은 없다.

그러나 그 인생 속에
하늘의 문만 열려 있으면,
하늘의 손만 잡을 수 있으면,
하늘의 말씀에 우리가 순종할 수만 있으면,
우리는 다시 살아날 수 있다!

요셉은 구덩이에서 처음으로 진심을 담아 하나님을 향

해 기도했을 것이다. 그가 갑자기 하나님과 동행함에 목숨 거는 사람이 된 것이 아니라, 그의 삶에 변화는 아마도 이 구덩이에서 시작됐을 것이다.

요셉의 인생을 보면 구덩이에 빠지기 전과 후로 나눠진다. 앞으로 그의 삶에서 펼쳐지는 모든 사건 속에서 올바른 선택을 할 수 있게 만든 믿음은 바로 이 구덩이에서 시작되었다.

하늘밖에 열려 있지 않은 구덩이에서 하늘을 바라보지 않고 앞뒤 좌우만 바라보면 절망한다. 나의 힘으로 나올 수 없는 것이 인생의 구덩이다. 구덩이의 시간에는 하나님을 바라보아야 살아난다. 당신이 지금 구덩이 속에 빠져 있다면 하늘을 바라봐야 한다.

하나님만 바라보는 곳

성경에는 3대 광야가 등장한다. 모세의 광야, 다윗의 광야, 그리고 예수님의 광야다. 홀로 있는 시간 속에서 하나님과 교통하는 법을 배운다. 하나님의 음성이 들리기 전에는 움직이지 않는다. 아무 소리도 들리지 않는 광야에서 조금만 있다 보면 도시에서 들을 수 없는 작은 소리가 들리기 시작한다.

광야와 구덩이는 하나님만 바라보는 곳이다. 하나님이 붙잡고 계시는 사람들에게 광야는 하나님의 음성에만 귀를 기울이는 시간이며, 구덩이는 좌우를 살피지 않고 하늘만 바라보는 시간이다.

하나님만 바라보는 곳, 하나님의 음성만 들리는 장소. 그곳은 절망의 장소가 아니다. 너무 많은 소리와 볼거리에 둘러싸여 살아가는 우리에게 가장 절실한 것은 하나님께 집중할 수 있는 곳이다.

우리가 어디에 있는지는 중요하지 않다.

구덩이에 있는지,

채색옷을 입고 있는지,

편안한 순간을 맞이하고 있는지,

억울하고 힘든 순간을 맞이하고 있는지,

그것은 중요하지 않다.

중요한 것은 하늘을 바라보고 있는가이다.

하나님의 손을 바라보고 있는가?

하나님의 손을 붙잡고 있는가?

하나님의 뜻을 행하고 있는가?

하나님의 가치를 원하고 있는가?

하나님의 임재를 사모하고 있는가?

하나님의 말씀을 사모하고 있는가?

구덩이에 빠져서

하늘을 바라보지 않고 땅을 바라보면,

구덩이에 빠져서 하늘을 바라보지 않고 절망하면,

구덩이에 빠져서 하늘을 바라보지 않고

내 힘으로 어떻게든 살아보려고 하면,

죽는다.

그러나 하늘을 바라보면

하늘의 손이 나를 붙잡기 시작한다.

하나님의 행하심이 나의 인생 속에 나타나기 시작한다.

요셉이 구덩이 속에서 하늘을 바라보고 살아났을 때

요셉만 살아나지 않았다.

이스라엘 민족이 살아났다.

우리 한 사람 한 사람이 살아나면
우리 한 사람만 살아나는 것이 아니다.
우리를 통하여 이 땅이 회복되는 것이다.
그것을 위해 하늘을 바라보라!

CHAPTER 3

유혹과 선택

7 그 후에 그의 주인의 아내가 요셉에게 눈짓하다가 동침하기를 청하니 8 요셉이 거절하며 자기 주인의 아내에게 이르되 내 주인이 집안의 모든 소유를 간섭하지 아니하고 다 내 손에 위탁하였으니 9 이 집에는 나보다 큰 이가 없으며 주인이 아무것도 내게 금하지 아니하였어도 금한 것은 당신뿐이니 당신은 그의 아내임이라 그런즉 내가 어찌 이 큰 악을 행하여 하나님께 죄를 지으리이까

잘나갈 때 겸손하고 구덩이에서는 하늘을 보자

요셉은 구덩이에서 나온다. 비록 노예로 팔려가는 신세였지만, 죽음의 문턱에서 벗어났다. 죽을 것 같을 위기에서는 물론 살려만 달라고 했지만, 노예로 팔려가는 것은 결코 누구의 꿈도 아닐 것이다.

형들이 자기에게 절한다고 까불던 부잣집 도련님이 한순간에 노예가 되어버렸다.

인생은 언제, 어디로, 어떻게 흘러갈지 아무도 모른다. 세상이 다 자기 것 같다가도 구덩이에 빠져 목숨만 살려달라고 애걸하기도 하고, 겨우 목숨은 구했지만 타국의 노예가 되기도 한다.

요셉이 팔려 간 곳은 애굽 보디발의 집이다. 보디발은 바로의 친위대장이었다. 애굽에서 바로는 신과 같은 존재였다. 그런 바로의 친위대장이었으니, 그 역시 절대권력자였다. 바로에게 위협이 된다고 판단되면 그 자리에서 해결할 수 있는 권력을 가진 자였다. 요셉이 그 사람의 집으로 팔렸다.

그곳에서 요셉은 성실하게 일했다. 모두가 인정할 수밖에 없는 성실함이 요셉을 그 가정의 총무로 세운다. 하루는 잘할 수 있지만 꾸준히 잘하는 것은 어렵다. 무엇인가를 꾸준하게 하는 능력은 귀하다.

한 청년이 직장에 들어가면서 내게 조언을 구했다.

"어떻게 하면 직장생활을 잘할 수 있을까요?"

나는 "성경에 나온 대로 주께 하듯 하고, 사람의 눈을 보지 말고 주님이 보고 계신다는 믿음으로 하라"고 조언했다. 형제는 시큰둥한 반응을 보였다. 아마 사회생활을 잘할 수 있는 어떤 비장의 무기나 특별한 방법을 원했던 것 같다.

하지만 성실함을 이기는 방법은 없다. 처음에는 뒤처지는 것 같아도 '성실'은 반드시 이긴다. 하나님이 성실함을 기뻐하시기 때문이다.

요셉은 외롭다. 말도 통하지 않는 타국에서 노예로 살고 있다. 노예들 중에 제일 뛰어나다고 인정받는 것은 사실 큰 의미가 없다. 그러나 요셉은 성실함으로 외로움과 무료함을 이겨내고 있다.

매일 같은 일을 열심히 하는 것은 어렵지만, 그 성실함이 신앙으로 무장되면 영적 용사가 될 수 있다. "주께 하듯 하라"고 하신 말씀을 기억하고, 사람의 눈이 아니라 하나님 앞에서 일하는 사람이 해낼 수 있다(엡 6:7 참조). 요셉은 자신의 상황 속에서 목자이신 여호와 하나님을 기억하고, 그분 앞에서 일을 했다.

하나님과 함께함 - 최고의 가치

요셉은 주인인 보디발의 신임을 얻고 자리를 잡았다. 비록 노예였지만, 성경은 요셉의 인생을 '형통하다'라고 표현한다.

여호와께서 요셉과 함께하시므로 그가 형통한 자가 되어
그의 주인 애굽 사람의 집에 있으니 그의 주인이 여호와께
서 그와 함께하심을 보며 또 여호와께서 그의 범사에 형
통하게 하심을 보았더라 **창 39:2,3**

창세기 39장을 보면 '형통'이란 단어가 계속해서 반복
하여 사용되는 것을 알 수 있다. 성경에서 단어가 반복해
서 나온다는 것은 그것을 강조한다는 뜻이다.

한 가지 재미있는 사실이 있다. 요셉이 채색옷을 입고
있을 때, 자기를 사랑해주는 아버지와 자기 잘난 줄 알
고 잘 지내고 있을 때에는 '형통'이란 말이 안 나온다. 그
런데 지금 애굽의 노예로 팔려 종노릇하고 있는데, 상황
은 전혀 형통과 상관없어 보이는데, 성경은 이런 요셉을
향해 형통하다고 한다. 요셉이 하나님과 함께하고 있기
때문이다.

한 가지 더 중요한 것이 있다.

"그의 주인이 여호와께서 그와 함께하심을 보며."

요셉이 하나님과 함께하여 그가 형통했던 것도 물론
중요한 사실이지만, 더 중요한 것은 요셉의 주인인 보디

발, 즉 하나님을 믿지도 않았고 알지도 못했던 이방 사람의 눈에 요셉이 하나님과 함께하고 있음이 보여지고 있다는 사실이다.

성경에서 최고의 가치는 하나님이 함께하시는 것이다. 하나님이 함께하는 사람은, 하나님의 손이 드러나는 사람이다. 하나님이 함께하신다는 것을 보여주는 인생은 귀한 인생이다.

우리의 삶에 하나님이 함께하심이 드러나기를 원한다. 그래서 하나님의 놀라운 역사가 드러나기를 원한다.

하나님만 드러나기 바라는 무모한 도전

'라이트하우스 무브먼트'는 교회개척 운동이다. 4년 동안 자비량 선교를 다니다 하나님이 교회에 대한 부담을 주시며 기도하게 하셨다. 개척을 위해 사람이나 장소를 먼저 준비하지 않았다. 장소는 예배를 드릴 수 있는 곳이라면 어디든지 괜찮다.

라이트하우스 해운대는 지난 2년 동안 학교, 공연장, 야외, 기도원 등 거리나 장소를 가리지 않고 어디서건 예배했다. 포항에서 예배를 시작할 때는 어느 교회의 카페에서 시작했는데, 개척 멤버 한 명 없이, 홍보도 페이스북으로만 하고는 첫 예배를 드렸다. 라이트하우스 서울숲은 한동안 서울숲 예배 장소에서 예배를 못 드리고 계속 홍대 카페를 빌려서 예배했다. 서울숲 예배 장소에 드디어 입성하여 예배드린 지 몇 주만에 코로나19로 인한 사회적 거리두기가 4단계로 격상됐다. 쉽지 않은 상황의 연속이었다.

은퇴할 때까지 열 곳에 교회를 세우고 싶다는 소원을 가지고 라이트하우스 무브먼트를 시작한 지 2년여 만에 여섯 곳에 교회가 세워졌다. 그리고 내년 개척을 준비하는 귀한 사역자들이 있다.

무모한 도전이다. 성도들도 고생이다. 그러나 한 가지 갈망하고 기도하는 것은 사람이 세우는 교회가 아닌, 하나님의 함께하심이 드러나는 공동체, 하나님의 손이 드러나는 공동체가 되는 것이다. 하나님의 함께하심이 드러나는 삶을 사는 것이다.

갑자기 다가온 유혹

어려워도 주인에게 인정도 받고 살 만해진 요셉에게 문제가 생겼다. 바로의 친위대장이었던 보디발은 바쁜 사람이었다. 그래서 그의 아내는 외로웠다. 아마도 어릴 때부터 예쁘다는 소리를 들으며 사람들에 둘러싸여 자랐을 터였다. 그런 그녀가 마음먹고 요셉을 유혹하기 시작한다.

요셉은 용모가 빼어나고 아름다웠다. 게다가 요셉이 얼마나 성실했는지, 보디발이 자기가 먹는 음식 외에는 다 요셉에게 맡겼다고 했다(창 39:6 참조). 외모도 준수한데 성실하고 눈길이 가는 청년이었다.

홀로 있을 때의 모습이 진짜 나의 모습이다. 보디발의 아내는 사람의 눈을 피해 요셉이란 젊은 남자를 탐하기 시작했다.

하나님 앞에서 일하던 요셉에게, 그의 주인은 하나님이셨다! 외로움을 핑계로, 아픔과 고통을 핑계로 하나님 앞에서 죄지을 수 없었다.

쉽게 죄를 지으면 영적으로 성숙할 수 없다. 죄를 지으며 온갖 핑계를 다 댄다. 핑계를 댄다는 것은 회개의 사람이 아니란 말이다.

지금 요셉이야말로 사실 충분히 타당한 핑계를 댈 수 있는 상황이다. 상전이 명령하고 있다. 자기는 노예에 불과하다. 피할 길이 없다. 그러나 요셉은 매일매일 다가오는 유혹을 이겨냈다.

외로워도,
아무리 상전이어도
안 되는 것은 안 되는 것이다.

말씀은 그대로 순종해야 능력이 된다. 온갖 핑계로 죄를 정당화하지 마라!

하나님을 향한 태도에 달려 있다

창세기 39장 9절은 우리가 죄를 어떻게 이겨야 하는지 보여주는 아주 좋은 예다. 요셉은 매일 유혹하는 상전을 향해 이렇게 대답한다.

"이 집에는 나보다 큰 이가 없으며 주인이 아무것도 내게 금하지 아니하였어도 금한 것은 당신뿐이니 당신은 그의 아내임이라."

대답이 여기서 끝났으면 요셉은 끝내 죄를 지었을 것이다. 보디발의 아내는 "여긴 아무도 없다. 보디발은 몇 주 후에 온다"고 했을 것이다. 그러나 요셉은 이렇게 결론짓는다.

"내가 어찌 이 큰 악을 행하여 하나님께 죄를 지으리이까?"

사람이 대상이 아니다. 요셉은 자신의 정체성을 분명하게 말한다.

"나는 하나님 앞에서 일하고, 하나님 앞에서 살아가는 사람이다!"

하나님 앞이 아닌 곳이 어디 있는가? 죄는 유혹 때문에 짓는 것이 아니라 하나님을 향한 나의 태도 때문에 짓는다. 죄를 선택했다는 것은 하나님과의 관계가 무너졌다는 뜻이다. 죄를 정당화하지 마라. 타협도 절대 안 된다. 가볍게, 가장 엄격한 기준으로 죄를 대하라. 그렇지 않으면 매일 다가오는 유혹에 매번 이길 수 없다.

날마다 동행, 날마다 승리

유혹은 매번 더 강해진다. 오늘의 유혹은 어제보다 강하다. 보디발의 아내도 더욱 강한 유혹으로 요셉에게 다가갔다.

> 여인이 날마다 요셉에게 청하였으나 요셉이 듣지 아니하여 동침하지 아니할 뿐더러 함께 있지도 아니하니라
>
> 창 39:10

여기서 키워드는 '날마다'이다. 보디발의 아내가 한 번만 유혹한 게 아니다. 대단한 권력을 가진 주인의 아내가, 날마다, 더 강하게 유혹하고 있었다. 그러니까 지금 요셉이 뿌리치기 쉬운 유혹을 견디고 있는 게 아니란 말이다.

그럼에도 불구하고 요셉이 그 유혹에 넘어가지 않을 수 있었던 것은, 날마다 자신을 찾아온 유혹보다 날마다

하나님과 함께한 동행이 더 강했다는 것을 의미한다. 날마다 자신을 찾아오는 달콤한 유혹보다 날마다 함께하는 하나님과의 동행이 더 가치가 높았다는 뜻이다.

구덩이 속에서 하나님을 붙잡았던 요셉에게는 하나님과의 동행이, 하나님과 함께함이 그의 인생에서 가장 가치 있는 중요한 것이 되었다. 그래서 죄악의 유혹이 아주 강하게 찾아와도 그것을 이겨낼 수 있었던 것이다.

어제의 은혜로 오늘을 살면
절대로 오늘의 유혹을 이길 수 없다.
오늘의 은혜로, 오늘의 동행하심으로,
오늘의 함께하심으로 살지 않으면
오늘의 유혹을 이길 수 없다.

어제는 어제의 은혜가 있어서 이길 수 있었다면, 오늘의 유혹은 오늘의 은혜가 있어야 이길 수 있다. 우리가 어제 이겼다고 오늘도 이기는 것이 아니다. 어제 다시는 안먹어도 될 것처럼 밥을 많이 먹어서 아무리 배가 불렀어도 오늘 식사 때가 되면 또다시 배가 고파지고 또 밥을 먹어야 하는 것처럼, 어제 은혜 받았어도 오늘은 오늘의 은혜를 또 받아야 한다. 어제 영적인 양식을 먹었다고 오늘 괜찮으면, 영적으로 병든 것이다.

어제의 기억으로 신앙생활 하면 안 된다. 오늘 동행하시는 하나님을 붙잡아야 한다.

죄는 뿌리칠 대상이다

죄는 강하다. 그녀의 마음에 죄가 싹이 트자 그 죄악은 그녀의 삶을 송두리째 잡고 흔든다. 그녀는 왜 요셉이 자신을 거부하는지 이해가 되지 않는다.

'노예 주제에 나 같은 여자를 어디서 만난다고…!'

평생 예쁘다는 소리만 들으며 곱게 살아온 여자. 그런데 외국에서 온 노예 주제에 자기를 거부한다. 열받아서 혼자 앉아서 상황을 역전시킬 계획을 세운다. 하인들 다 내보내고 아무도 없는 장소를 만들어 아예 작정하고 요셉을 덮치려고 한다. 말로 유혹하는 것과 스킨십이 더해지는 것은 유혹의 강도 자체가 다르다.

죄는 뿌리쳐야 한다. 대화의 대상이 아니다. 생각의 대
상도 아니다. "왜 이러세요?" 물으면 죄에 넘어진다. '이
분이 왜 이러시지?' 생각해도 안 된다. 그곳에서 달려나가
야 한다. 죄의 자리에 서 있으면 죄짓는다. 앞으로 어떤
일이 벌어질지 알지 못해도, 억울한 일이 벌어진대도 하
나님 앞에 죄를 지을 수는 없다. 그래서 요셉은 달려나갔
다. 자신의 옷을 두고. 그냥 달려나갔다.

요셉에게 가장 중요한 분은 하나님이셨다.
그러니까 죄를 이길 수 있었다.
하나님이 가장 소중하지 않으면 죄에 진다.

죄짓는 자리를 피했더니 감옥행

우리는 죄를 지었을 때는 하나님께 무한 은혜를 받기

바라고, 선한 일을 한 번 했을 때는 큰 복을 받기 원한다. 사실, 요셉 정도 했으면 좋은 일이 일어나야 한다. 그러나 요셉은 무자비한 거짓 속에서 감옥으로 떨어졌다. 자신의 유혹을 받아주지 않은 노예를 향한 한 여자의 저주였다. '네가 섬기는 하나님이 너를 감옥에서 구해주는지 어디 두고 보자' 하는 마음이었다.

세상의 기준에서 요셉은 유별나게 굴다가 망했다. 세상은 이런 결과를 두고 조롱하며 비웃는다.

'저 혼자 예수 믿나? 나도 예수 믿는다! 그리 잘난 척하더니 꼴좋다.'

기독교는 예수님을 주인으로 모시고 세상에 저항하며 살아가는 것이다. 유별나게 사는 것이다. 세상 사람들이 다 해도 예수 믿는 우리는 안 해야 한다. 신앙생활 한다면 조롱과 비방은 필수코스다. 끝까지 유혹을 이겨낸 요셉은, 이제 감옥행이다.

보디발의 아내는 '너 맛 좀 봐라' 하고 요셉을 감옥으로 보냈지만, 하나님이 그를 평가하신다. 성경은 그를 향해 이렇게 기록한다.

여호와께서 요셉과 함께하심이라 여호와께서 그를 범사에 형통하게 하셨더라 창 39:23

감옥에 갇혔는데도 요셉이 형통하다고 한다. 영어성경 NIV를 보면 'success'(성공하다)란 단어를 사용한다. 세상은 그를 향해 감옥 가서 망했다고 하는데, 하나님은 그를 향해 '성공했다'고 한다. '내가 너 인정했다'는 것이다.

고통이 찾아올 때 사람은 두 가지 반응을 보인다. 하나는 고통을 통해 하나님을 붙잡고 성숙한 삶을 살기 시작하는 것이다. 또 하나는 와르르 무너져서 쓴 뿌리 안고 최악의 선택을 하며 사는 것이다.

고통이 모두를 성숙하게 만들지도,
모두의 삶을 와르르 무너뜨리지도 않는다.
핵심은 하나님을 바라보는 것이다.
하나님을 바라보며 그분의 손을 붙잡으면,
고통 속에도 유익이 있다.

유별나게 살아보자

당신의 평가 기준이 무엇인가? 세상의 성공은 하나님의 평가 방법이 아니다. 예수님을 주인 삼고 살아가는 사람에게 가장 큰 행복은 하나님이 함께하시는 것이다.

세상의 성공에 현혹되지 말자. 이해할 수 없는 곳에서 어렵고 힘든 시간을 맞닥뜨렸다고 해서 벌 받는 것이 아니다. 오히려 그 장소에서 일하시는 하나님을 목격하며 한 걸음씩 주님과 동행하는 것이 신앙이다.

두 주인을 섬기지 않겠다고 고백하고 먼저 그의 나라와 그의 의를 구하겠다고 선언했다면, 지금 이 시간 가장 중요한 것은 나의 형편이 아니라 하나님과의 동행이다.

의를 위하여 핍박을 받아보자.
욕 먹어도 보고, 억울한 일도 당해보자.
하나님과 동행함으로만 살아가자.

나의 행동이나 잘못 때문이 아니라 하나님과 동행함 때문에 욕을 먹고 설령 감옥에 갈지라도, 주님을 붙잡고 살아가자. 쉽게 예수 믿지 말자. 지금 이 시대에 요구되는 성도는 요셉과 같은 사람이다.

　귀한 향유를 주님 앞으로 가지고 나온 여인이 있다. 죄악 속에 살았던 여인, 그녀에게 예수님은 따뜻한 진심을 주셨다. 그리고 그 여인은 삶의 모든 것이 변화되기 시작했다.

　향유는 1년 치 임금이었다. 그러나 그 여인에게 그것은 자신의 마음이었다.

　'주님, 제가 저의 모든 것을 드리고 싶습니다.'

　자신을 살리시고 붙잡아주신 예수님께 드리는 헌신의 고백이었다.

　주님을 붙잡아야 죄를 놓을 수 있다. 죄만 바라보며 죄를 이길 수 있는 사람은 없다. 요셉은 자신의 삶이 하나님께 드려지는 제사라는 것을 고백했다. 그리고 하나님을 바라보았다.

　눈물 흘릴지라도 가슴 아플지라도, 죄를 선택하지 않고 유혹 앞에 핑계 대지 않고 오직 하나님과 동행하는 사람으로 살아가보자. 하나님 한 분만으로 만족한다고 찬양만 하지 말고 진짜 그렇게 살아보자.

언제까지 우유만 마실 수는 없다.
시대가 필요로 하는 성도는
딱딱한 것도 먹고 소화하는 사람이다.
그 어느 것보다 예수님과의 동행이
기쁨이 되는 성도가 되자.

높은 산이 거친 들이 초막이나 궁궐이나
내 주 예수 모신 곳이 그 어디나 하늘나라.

천국은 예수님과 동행하는 곳이다.
천국은 예수님만 붙잡는 곳이다.
천국은 죄가 들어올 수 없는 곳이다.
하나님만 바라보자.
죄짓고 핑계 대지 말자.
"내가 어찌 이 큰 악을 행하여
하나님께 죄를 지으리이까?"

사람에게 짓는 죄가 아니다.
아무도 모르는 곳에서 저지르는 죄가 아니다.

하나님 앞에서, 하나님께 죄짓는 것이다.

하나님께 죄를 지을 수 없다!

CHAPTER 4

대가 없는
헌신

⁶ 아침에 요셉이 들어가 보니 그들에게 근심의 빛이 있는지라 ⁷ 요셉이 그 주인의 집에 자기와 함께 갇힌 바로의 신하들에게 묻되 어찌하여 오늘 당신들의 얼굴에 근심의 빛이 있나이까 ⁸ 그들이 그에게 이르되 우리가 꿈을 꾸었으나 이를 해석할 자가 없도다 요셉이 그들에게 이르되 해석은 하나님께 있지 아니하니이까 청하건대 내게 이르소서

동행의 열매

세상의 가치관으로 바라보면 이해할 수 없는 상황이 많다. 어찌할 수 없는 안타까운 일들과 착한 사람들이 고통받는 것을 많이 목격하며 살아간다. 천국을 바라보지 않으면 전혀 이해되지 않는 상황 속에서 믿음의 사람들은 하나님을 붙잡고 살아간다.

지금 요셉은 감옥에 갇혀 있다. 주인의 아내의 유혹을 거절한 대가로. 억울한 누명을 쓴 채. 이것만큼 억울한 일이 또 있을까?

감옥에 갇혀 있는 요셉, 그런데 하나님은 그를 형통하

다고 말씀하신다. 게다가 요셉이 잘못해서 갇힌 것이 아니라 누명을 쓰고 잡혀간 것이다. 사람들에게 억울함은 참 뛰어넘기 어려운 장애물이다. 하지만 요셉에겐 하나님과의 동행이 가장 큰 가치였다. 그래서 죄악을 이겨냈고, 억울하게 갇힌 감옥도 그에게는 사명자의 삶을 사는 사역지가 되었다. 세상의 가치로는 상상도 못 할 일이다.

하나님이 인도하시는 사람은 그 삶에 하나님이 역사하시는 증거와 열매가 있다. 신앙은 열매로 나타난다. 성경은 우리에게 성령의 열매를 정확하고 분명하게 가르쳐준다.

오직 성령의 열매는 사랑과 희락과 화평과 오래 참음과 자비와 양선과 충성과 온유와 절제니 이 같은 것을 금지할 법이 없느니라 갈 5:22,23

성령의 열매는 인격적인 변화다. 주님을 만나고, 그분과 동행하는 삶은 다르다. 결코 똑같을 수 없다.

예수님을 만나면 가치관이 변화된다. 하나님의 사람

답게 산다는 것은, 하나님 중심의 가치관으로 변화되지 않으면 불가능하다.

세상의 가치관으로 보면 어려움을 당하고, 고난을 당하고, 억울한 것 같지만 하나님과 함께하는 그 사람, 하나님이 인도하시는 그 사람, 하나님의 임재가 있는 그에게는 하나님이 놀라운 증거와 열매를 허락하여주신다.

갇혀 있지만 갇혀 있지 않다

감옥에서도 요셉의 성실함은 그를 탁월함으로 세워갔다. 요셉을 자기 집에 있던 감옥에 가둔 것을 보면, 보디발도 그를 멀리 보내고 싶진 않았던 것 같다.

어느 날, 요셉의 눈에 근심의 빛이 있는 사람들이 들어왔다.

아침에 요셉이 들어가 보니 그들에게 근심의 빛이 있는지라 요셉이 그 주인의 집에 자기와 함께 갇힌 바로의 신하들에게 묻되 어찌하여 오늘 당신들의 얼굴에 근심의 빛이 있나이까 창 40:6,7

신적인 존재였던 바로가 먹고 마시는 것을 관리하는 신하들은 최고의 권력을 누렸다. 그토록 막강한 권력을 누리던 왕의 술을 관장하던 관원장과 떡을 관장하던 관원장이 지금 감옥에 있다. 그리고 그들의 얼굴에 근심의 빛이 비쳤고, 요셉은 이에 주목했다.

그런데 감옥은, 당연히 근심과 절망이 있는 곳이다. 그런 곳에서 상대방의 근심과 절망의 빛을 보았다는 것은, 자신은 근심하지 않고 있었다는 뜻이다. 요셉은 감옥에서도 하나님과 동행하고 있었다. 하나님이 주시는 형통을 누리고 있었다. 그러므로 감옥은 그를 가두지 못했다.

요셉은 감옥에 갇혀 있지만, 그는 감옥에 갇혀 있지 않았다. 그곳은 사역지가 되었다. 그곳에서 요셉은 하나님의 역사하심을 보여주는 사명자의 삶을 살아가고 있었다.

감옥 안에서도 갇혀 지내지 않는 사람이 있는가 하면, 감옥이 아닌 곳에 살면서도 자신의 생각과 아픔 속에 갇혀 지내는 사람이 있다. 감옥 안에서도 자유를 누리는 사람이 있는가 하면, 자유 속에서도 억압당하며 사는 사람이 있다.

절망 속에서도 희망을 보는 사람이 있다. 아픔과 억울함 속에서도 용서와 천국을 누릴 수 있다. 절망은 우리를 무너뜨릴 수 없다.

꿈의 내용을 말하며 채색옷을 입고 안하무인이었던 잘난 요셉은 이제 없다. 구덩이에서 주를 만나고 온갖 유혹을 이긴 사람 요셉은, 자신의 삶만 돌아보는 게 아니라 이웃을 돌아보며 살아가기 시작한다. 채색옷을 입었던 요셉의 눈에는 자기 형들도 보이지 않았다. 그러나 이제 요셉의 눈은 근심하는 이웃들에게로 향했다.

지금 당신이 서 있는 곳이
하나님이 보내신 선교지며 사역지다!
우리는 사명자다.

사명이 일어나게 한다

여러 가지 일을 겪으며 그 사건 사고에 갇혀 사는 사람이 많다. 과거에 잡혀 살고, 아픔에 잡혀 살고, 고독에 갇혀 산다. 그러나 감옥에서도 하나님의 임재를 붙잡고 살아가는 사람이 있다.

사명이 다시 일어나게 한다. 하나님이 함께하시는 역사를 증거하는 사람이 된다.

요셉은 하나님과 동행하기 때문에 절망하지 않는다. 슬퍼하지 않는다. 그리고 하나님과의 동행에 집중한다. 상황에 집중하면 상황을 뛰어넘어 역사하시는 하나님을 볼 수 없다. 그러니 어려울수록 하나님께 집중해야 한다.

하나님의 사랑을 체험한 사람들은 타인의 고통과 아픔이 눈에 들어온다. 나만의 고통과 아픔만이 아니라 이웃을 품고 사랑하고 불쌍히 여기며 타인을 위하여 대가 없이 헌신하고 섬기는 사명자로 살아갈 수 있다. 사명자만 그리 산다.

'제가 아픕니다. 전 억울해요.'

저마다 자기가 처한 혹독한 상황을 토로하기 바쁘다. 하지만 사명자는 남의 아픔이 나의 아픔으로, 남의 눈물이 나의 눈물로 다가오는 긍휼과 사랑의 마음을 품는다. 교회가 선교와 긍휼에 집중하지 않으면 친교단체

로 전락하고 만다. 사명의 자리가 아니라면 하나님의 역
사도 없다.

요셉이 그들의 아픔을 가슴에 품는다. 그리고 그들이
힘들어하는 이유를 물으며 먼저 다가간다.
"무슨 일입니까? 왜 이리 힘들어하십니까?"

자신은 종노릇 하다가 누명 쓰고 감옥에 들어왔다.
상대방은 감옥에 들어오기 전 제일 잘나가던 사람들이
다. 그런데 감옥에서 요셉이 그들을 섬긴다. 세상의 계산
법으로는 답이 안 나오는 일들이다. 그러나 감옥에서도
사명자로 살았던 요셉은 그렇게 했다. 우리 역시 그 일들
을 위해 살아가야 한다.

똑같은 감옥이지만,
누군가에게는 근심과 절망의 장소였고,
누군가에게는 사명의 자리였다.

그들이 꿈 이야기를 한다. 하나님이 요셉에게 은사를 주셔서 꿈을 알게 하시고 설명하게 하신다. 그리고 요셉은 '하나님이 지혜를 주셔서 하는 일'이라고 고백한다. 꿈을 푸는 것은 하나님의 능력이다.

그들이 그에게 이르되 우리가 꿈을 꾸었으나 이를 해석할 자가 없도다 요셉이 그들에게 이르되 해석은 하나님께 있지 아니하니이까 청하건대 내게 이르소서 창 40:8

여기서 중요하게 나누고 싶은 것은, 하나님께서 주신 은사적 능력이 아니라 요셉이 가진 긍휼의 마음이다. 억울한 옥살이를 하는 중에도 사람들의 근심을 돌보는 긍휼한 마음. 그 마음이 감옥이 더 이상 감옥 되지 않게 한 능력이다.

코로나를 핑계로 전도하지 않은 채 지낸 것이 벌써 1년이 넘었다. 어려운 상황에도 당신은 사명을 붙잡고 살고 있는가? 똑같은 감옥인데 누군가에게는 절망의 자리이고 또 누군가에게는 사명의 자리다. 고난과 억울함에 갇혀서 살 수도 있겠지만, 사명자로 살아갈 수도 있다.

흔히들 가장 쉬운 고통이 지나간 고통이고 남의 고통이라고 말한다. 하지만 사명자는 아니다. 사명자는 이웃의 고통을 가슴에 안는다. 이웃의 눈물을 가슴에 품는다. 함께 울고, 함께 기도한다. 사명자의 기도 제목 우선순위에는 이웃의 기도 제목이 올라가 있다. 나를 위한 기도에서 이웃을 위한 기도로 삶이 변화되기 시작한다.

누군가가 나를 공격할 때도 하나님 사람의 모습으로 대처한다. 상황 탓, 사람 탓 안 하고 하나님과 동행한다. 예수 믿는 믿음을 겨우 겨우 붙들고 살아가는 삶이 아니다. 매일매일 살아 계신 하나님과 동행하는 삶이다.

두 번째 노력

미국의 풋볼 코치로 유명한 버드 윌킨슨(Bud Wilkinson)은 '두 번째 노력'(second effort)을 강조했다. 경기를 하다가 수비나 공격으로 쓰러지고 넘어져도 다시 일어나 공격과 수비를 지속하는 것이다.

풋볼은 상대방을 태클해야 하는 스포츠다. 그래서 많은 몸싸움과 넘어짐이 있다. 그때 한 번 최선을 다했다고 넘어져 있지 말고 다시 일어나 상대방을 향해 나아가라는 것이다.

인생에는 많은 아픔과 쓰러짐이 있다. 그리고 많은 크리스천들이 신앙으로 대처하기 위해 애쓴다. 그런데 한 번 신앙적으로 노력해보고 안 된다고 하지 말고, 두 번째 노력을 해보는 것이 중요하다.

다시 일어나 문제를 향해 나아가라. 그리고 인생에 감옥을 만들지 말고, 감옥에 갇히지 마라!

우리는 원하지 않는 일들이 터질 때 너무 흔들린다. 그 일에만 집중하기 때문이다. 나 자신에게만 집중하기 때문이다. 내가 갇혀 있으면 누구도 구할 수 없다. 내가 쓰러져 있으면 누구도 살릴 수 없다.

먼저 은혜로 회복하여 어떤 아픔과 절망에도 갇혀 지내지 마라. 하나님과 동행하여 형통함을 누리라. 항상 함께하시는 하나님을 붙잡지 못하고 여러 문제에 갇혀 사는 우리가 반드시 회복해야 하는 부분이다.

살아난 자는 살려내는 사람이 된다

하나님의 사람은 어디에서든 사람을 살려낸다. 나만 사는 것이 아니라 이웃을 살리는 역사를 이룬다. 자신이 살아난 경험을 한 사람은 반드시 누군가를 살려낸다. 이웃을 향하여 존재하며, 생명을 나누고 함께 울고 함께 기도한다.

본질을 붙잡고 사명을 붙잡으면 문제가 작아 보이기 시작한다. 하나님의 뜻과 말씀에 붙잡히면 어떤 문제에도 갇히지 않는다.

당신은 타인을 위하여 기도하는 사람인가?
열방과 나라와 민족을 위하여
이웃과 공동체를 위하여
대가 없는 헌신을 하라.

하나님은 우리의 도움을 필요로 하지 않으신다. 하지만 하나님으로 인해 회복을 받은 사람은 반드시 하나님의 마음으로 이웃을 향해 나아간다. 하나님은 그 걸음을 사용하셔서 회복의 역사를 이루신다.

이제 우리를 통해 그 회복의 역사가 일어나기를 기도
한다.

저는 하나님의 은혜를 받은 자입니다.
하나님의 사랑을 받은 자입니다.
하나님이 회복시키신 사람입니다.

이제, 저를 통해 누군가를 살리게 하옵소서.
타인의 아픔을 보는 눈을 주옵소서.
그를 위해 기도하는 사람이 되게 하옵소서.

나의 근심에 갇혀 있지 않고
타인의 근심을 해결해주는
하나님의 사람,
사명자로 살게 하옵소서.

은혜는 상황을 넘어서게 한다
라이트하우스 무브먼트 부산 지역 공동체는 지난 6개

월 동안 양산에 있는 기도원에서 예배를 드렸다. 성도들은 대략 한 시간을 운전해서 와야 했다. 은혜를 받으면 거리가 문제 되지 않는다. 은혜는 상황을 넘어 기적을 이루어낸다.

상황을 넘어 주님을
사람을 넘어 주님을
사건 사고를 넘어 주님을 붙잡고 나아간다.

하나님을 선포하며 이웃을 돌아보고 그들에게 도움을 베풀었던 요셉은 꿈을 해몽해주는 것을 통해서도 하나님을 선포한다. 타인의 아픔과 근심을 바라보는 눈을 갖게 된 요셉, 그는 형제들에게 꿈을 자랑하던 철없는 때와는 전혀 다른 사람이 되었다. 어떤 근심에도 갇히지 않고, 오히려 타인의 근심에 함께 해주는 사람이 되었다.

진정한 축복의 통로로 사는 사람은 입술을 열어 축복한다. 남의 문제가 해결될 때 기뻐한다. 그리고 기도하겠다고 약속했으면 열심히 기도한다. 기도하겠다고 말만 하는 것은 사기다. 기도하겠다고 했으면 진짜로 기도해야 한다.

고통의 시간을 지나고 있는 사람에게 "기도해줄게요" 하고 말만 하는 것은 별로 도움이 안 된다. 그들과 함께 울어줘야 한다. 같이 아파하고, 같이 기도해주어야 한다. 함께 있어주어야 한다.

우리가 무슨 힘이 있어서 그 사람의 문제를 해결해줄 수 있겠는가? 하지만 함께 있어줄 수는 있다. 함께 기도해줄 수는 있다. 우리가 그런 삶을 살기를 바란다. 나만을 위하여 기도하는 것이 아니라, 누군가를 위하여 기도하는 인생을 살자.

간혀 있으면 죄수, 순종하면 사명자다.
나만을 위해 살지 마라.
나에게 갇혀 지내지 마라.

하나님의 사랑을 받은 사람은 반드시 누군가를 사랑한다. 반드시 누군가를 위해 헌신한다. 반드시 누군가를 위해 기도한다. 우리 문제에 갇혀 지내지 말고 하나님의 사람으로 쓰임 받는 하나님의 사람이 되자. 하나님의 마음으로 이웃을 긍휼함으로 대하며, 나도 살고 남도 살리는 인생이 되자.

CHAPTER 5

그날이
오면

25 요셉이 바로에게 아뢰되 바로의 꿈은 하나라 하나님이 그가 하실 일을 바로에게 보이심이니이다 26 일곱 좋은 암소는 일곱 해요 일곱 좋은 이삭도 일곱 해니 그 꿈은 하나라 27 그 후에 올라온 파리하고 흉한 일곱 소는 칠 년이요 동풍에 말라 속이 빈 일곱 이삭도 일곱 해 흉년이니 28 내가 바로에게 이르기를 하나님이 그가 하실 일을 바로에게 보이신다 함이 이것이라 29 온 애굽 땅에 일곱 해 큰 풍년이 있겠고 30 후에 일곱 해 흉년이 들므로 애굽 땅에 있던 풍년을 다 잊어버리게 되고 이 땅이 그 기근으로 망하리니 31 후에 든 그 흉년이 너무 심하므로 이전 풍년을 이 땅에서 기억하지 못하게 되리이다

때가 되면 고난의 끝이 온다

감옥도 요셉을 가두지 못했다. 요셉은 여호와 하나님과 동행하며 근심 있는 사람들을 돌보며 살아 계신 하나님을 선포했다. 감옥은 그에게 사역지가 되었다.

하나님의 사람에게 고난과 고통은 지나가는 시간이 아니라 의미 있고 열매 맺는 시간이 된다.

아무것도 할 수 없을 때 하나님께서 그 시간에 우리를 준비시키신다. 그 준비를 통해 사람을 살리는 일이 시작된다.

나 하나도 감당하기 어려웠는데 변화가 일어난다. 차

나님과 동행함이 무엇인지 피부로 느끼며 변화한다. 그저 하늘에 계시는 하나님이 아니라 나와 한걸음 한걸음 동행하시는 아버지가 되심을 경험하며 믿음은 굳건해진다.

그리고 때가 되면 그 고난이 끝난다.

그날이 오면
고난이 끝나고
새롭게 세워주신다.
끝없는 터널은 없다.
모든 어두움의 터널은
끝이 있다.

인간적 기대가 무너졌을 때

요셉은 대가 없이 섬겼다. 동료 죄수, 사실 자신보다 처지가 훨씬 나은 죄수들의 얼굴에 비친 근심의 빛을 지나치지 않았다. 요셉은 긍휼함으로 그들을 대했다. 그리고 하나님께서 주신 지혜로 그들을 근심하게 했던 꿈을 해몽해주고 도움을 주었다.

요셉의 해몽대로 술 맡은 관원장이 복권되었다. "감옥에서 나가 잘되거든 자신을 생각하여 바로에게 이야기해 달라" 부탁했지만, 그는 기억을 못 했다.

술 맡은 관원장이 요셉을 기억하지 못하고 그를 잊었더라
창 40:23

사람은 대체로 고마운 것을 잘 잊어버리고, 원한은 잊지 않는다. 원한은 잊어버리고 감사함을 잊지 말아야 하는데, 거꾸로다. 자기 얼굴에 비친 근심의 빛을 지나치지 않고 다가와준 요셉을 그는 쉽게 잊어버렸다.

자신에게 유리한 것만 기억하는 못된 모습에서 변화하자. 자신의 상처에는 집중하지만 용서는 뒷전인 것도 우리가 고쳐야 할 나쁜 습성이다.

하나님이 일하시는 시간

"만 이 년 후에…"(창 41:1).

2년이 지났다. 감옥에서의 2년은 결코 짧은 시간이 아

니다. 특히 요셉은 재판을 받고 "너의 형은 몇 년이다" 선고를 받은 상황이 아니다. 몇 년을 감옥살이를 해야 할지 모르는 상황, 내일을 소망할 수 없는 처지다.

면회를 오는 사람도 아무도 없다. 누가 면회를 오겠는가? 요셉이 그곳에 갇혀 있는지도 아무도 모른다. 요셉에게는 아무도 없었다.

도저히 해결이 안 될 것 같다. 절망이다. 어떤 희망도 가질 수 없는 이곳에서 요셉은 하나님께 집중한다. 하나님이 요셉과 동행하심으로 절망의 감옥이 거룩한 곳이 된다.

그럼에도 불구하고 2년이란 시간이 쉽진 않았을 것이다. 그러나 요셉이 아무것도 할 수 없었던 그 2년의 세월 동안, 하나님께서는 일하고 계셨다. 모든 세팅을 마치시고 요셉을 준비시키고 계셨다.

우리가 아무것도 할 수 없을 때
하나님은 일하고 계신다.
미래를 준비시키고, 기적을 친히 준비하신다.

우리가 아무것도 할 수 없을 때가 있다. 꿈도 꾸지 못할 때가 있다. 어떤 소망도 가질 수 없는 때가 있다. 내일을 계획할 수 없을 때, 오늘을 어떻게 헤쳐나가야 할지 전혀 알지 못할 때, 하나님은 일하고 계신다. 하나님은 당신을 준비시키고 계신다.

드디어 때가 왔다

애굽의 바로는 신적인 존재였다. 왕이 아니라 신이다. 그런 바로가 꿈을 꾸었다. 이상한 꿈이었다. 그런데 뭔가 중요한 꿈 같았다. 연거푸 꾸는 꿈을 그는 심상치 않게 여겼다. 그러나 그가 아는 어느 누구도 그 꿈을 해몽하지 못했다.

아무도 꿈을 풀지 못하고 있을 때, 드디어 술 맡은 관원장이 요셉을 생각해냈다. 그가 생각해낸 것이 아니다. 하나님이 하신 일이다. 아무도 신경 쓰지 않고 있던 요셉을 하나님은 주목하고 계셨다.

드디어 때가 왔다. 하나님께서 준비하신 역사가 드러날 그날이!

끝나지 않을 것 같은 문제가 해결된다.

그날이 오면.

수염을 깎고 옷을 갈아입는다. 새로운 모습으로 그는 일어선다. 그리고 바로 앞으로 나아갔다.

아무것도 할 수 없을 때, 하나님께서는 요셉과 함께 이 날을 기다리고 계셨다. 하나님만이 이루실 수 있는 그 일이 일어날 그 날을 하나님께서도 기다리고 계셨다.

'끝까지 잘 견디렴. 끝까지 승리하렴.'

요셉과 동행하시며, 그에게 힘주시며 함께 기다리셨다.

우리가 아무것도 할 수 없을 때

하나님은 우리와 함께 기다리신다.

우리와 동행하시며,

우리에게 힘주시며,

우리를 준비시키시며.

예수님께서 십자가를 지시고

숨을 거두신 그 순간부터

하나님은 기다리셨다.

부활의 새벽을 기다리셨다.

그래야 다 산다.

그 부활이 진리의 길을 성취한다.

그날이 오면, 끝난다.

오직 하나님만 선포한다

요셉이 바로 앞에서 대답하기 시작한다.

요셉이 바로에게 대답하여 이르되 내가 아니라 하나님께서 바로에게 편안한 대답을 하시리이다 창 41:16

바로 앞에서 하나님 이야기를 서슴없이 한다. 신적 존재였던 바로 앞에서 다른 신을 말하면 죽을 수도 있었다. 그러나 요셉은 어차피 구덩이에서 한번 죽은 인생이었다. 암흑과 같은 시간을 통해 죽음을 더 이상 두려워하지 않게 되었다.

그는 단대히 하나님의 비밀을 선포한다.

나를 드러내지 않는다.

힘을 다해 원수를 갚지 않는다.

나의 존재감을 드러내지 않는다.

그날이 오면 하나님의 사람은

하나님을 선포하고 하나님을 증거한다.

오직 하나님을 드러낸다.

그날이 오면 감옥이 열린다. 그날이 오면 터널이 끝난다. 그날이 오면 암흑이 끝난다. 그날이 오면 문제가 끝난다. 그럼에도 불구하고 가장 중요한 것은, 그날이 왔을 때 하나님을 드러내는 것이다.

많은 경우, 그날이 와서 하나님의 역사하심으로 문제가 해결되고 난 다음에 우리는 우리의 존재를 드러낸다. 힘을 다해 원수를 갚는다. 그러나 하나님의 사람은 하나님을 드러내고, 하나님을 선포한다.

그날이 오면 하나님을 드러내야 한다. 하나님을 선포하고, 하나님의 손을 드러내야 한다. 문제 해결에 골몰하는 것이 아니라, 승전보를 올리는 것이 급한 게 아니라 하나님을 말하고 증거한다. 그는 믿음의 사람이다.

요셉은 바로에게 바로의 꿈은 하나님이 하실 일을 미리 보이신 것이라고 선포한다. 요셉으로 인해 애굽 땅에 하나님이 선포되고, 살아 계신 하나님이 드러나신다.

채색옷을 입은 요셉은 하나님을 선포하지 않았다. 자신에게 절할 형들에게만 집중했다. 그런 그에게, 감옥의 시간은 무의미하지 않았다. 고난과 고통과 눈물과 절망이 믿음의 사람을 만든다.

믿음의 사람에게
감옥에서의 시간은 무의미하지 않다.
암흑과 같은 터널의 시간도 무의미하지 않다.
해결되지 않는 문제도 무의미하지 않다.
하나님이 역사하고 계시기 때문이다.

당신도 그렇다. 당신의 낮고 낮은 시간은 결코 무의미차지 않다. 그날이 오면 하나님이 당신을 역사의 주인공으로 세우실 것이다!

절망의 끝이 분노가 아니길!

그러나 모든 사람이 어두움의 끝에서 하나님의 손을 드러내는 것은 아니다. 어떤 사람은 상처에 잡혀서 분노의 화신이 되기도 한다.

고난의 끝이 절망이 아니길
눈물의 끝이 억울함이 아니길
절망의 끝이 분노가 아니길.

믿음으로 하나님과 동행한 자만이 그날이 오면 하나님의 손을 드러낸다! 그러니 오늘 어둠을 걷고 있다면, 하나님의 손을 붙잡고 절대 놓지 말라. 그분과 동행하기를 절대 포기하지 말라.

내가 들으니 보좌에서 큰 음성이 나서 이르되 보라 하나님의 장막이 사람들과 함께 있으매 하나님이 그들과 함께 계시리니 그들은 하나님의 백성이 되고 하나님은 친히 그들과 함께 계셔서 모든 눈물을 그 눈에서 닦아주시니 다시는 사망이 없고 애통하는 것이나 곡하는 것이나 아픈 것이 다시 있지 아니하리니 처음 것들이 다 지나갔음이러라 **계 21:3,4**

그날이 오면 우리는 주님 앞에 선다. 그날이 오면 모든 것이 끝난다. 오늘의 현실을 살다 보면 그날이 엄청나게 멀리 있는 것 같다. 우리가 주님 앞에 서게 될 날이 온다는 사실을 민감하게 받아들이는 사람이 별로 없는 것 같다. 그러나 기억하라. 그날이 온다는 것을.

그리고 그날이 오면 우리는 하나님의 손을 드러내고, 하나님의 역사를 선포해야 한다.

그날이 오면 절망과 암흑에서 해방되어
승리를 외치고 하나님을 선포하고
하나님의 임재를 말하게 하소서.
하나님의 동행하심의 역사를 선포하게 하소서.

요셉이 바로의 꿈을 설명해주었다. 요셉의 대답에 바로뿐만 아니라 신하들도 다 좋게 여겼다. 꿈의 해몽만 해준 것이 아니라 그에 대한 해결책까지도 명확하게 제시할 수 있도록 하나님이 지혜를 주셨다.

그러자 바로가 요셉을 총리로 임명한다. "너는 내 집을 다스리라 내 백성이 다 네 명령에 복종하리니 내가 너보다 높은 것은 내 왕좌뿐이니라"(창 41:40)라고 얘기할 만큼, 바로는 그를 높이 추대했다.

어제는 감옥, 오늘은 총리다.
어제는 무덤, 오늘은 부활이다.
막막해도 기다리라.
그날이 오면 반드시 당신도 승리한다.

그날이 오면, 하나님이 꼭 등장하는 삶이 되기를, 원한 갚고 내 힘을 발휘하는 어리석은 자가 되지 않기를 기도한다. 하나님의 사람은 감옥에 갇힌 죄수일 때와 총리일 때 같은 모습으로 살아간다.

'나는 왜 이 이렇게 힘들게 살까? 이 억울하고 깊은 상처와 고통은 끝이 올까?'

하나님의 시간에 그날이 오면 하나님의 손을 보여주는 사람이 되기 위하여 지금의 시간이 있는 것이다.

시편 72편은 그날이 오면 하나님께서 그분의 공의로우심으로 재판하시고 끝을 보여주실 것을 노래한다.

하나님이여 주의 판단력을 왕에게 주시고 주의 공의를 왕의 아들에게 주소서 그가 주의 백성을 공의로 재판하며 주의 가난한 자를 정의로 재판하리니 의로 말미암아 산들이 백성에게 평강을 주며 작은 산들도 그리하리로다 그가 가난한 백성의 억울함을 풀어주며 궁핍한 자의 자손을 구원하며 압박하는 자를 꺾으리로다 … 그는 궁핍한 자가 부르짖을 때에 건지며 도움이 없는 가난한 자도 건지며 그는 가난한 자와 궁핍한 자를 불쌍히 여기며 궁핍한 자의 생명을 구원하며 그들의 생명을 압박과 강포에서 구원하리니 그들의 피가 그의 눈앞에서 존귀히 여김을 받으리로다 시 72:1-14

절대 재판장의 자리에 앉지 마라. 그 자리는 인간의 자리가 아니다. 때가 되면 공의로우신 하나님께서 재판하시고 끝을 내신다. 그날이 오면 평강의 선물이 반드시 주어진다.

나의 뒤에서 아버지가 밀고 계신다

딕 호잇은 뇌성마비와 경련성 전신마비를 가진 아들 릭과 함께 꾸린 '팀 호잇'(Team Hoyt)으로 잘 알려져 있다. 그의 아들 릭은 태어날 때 목에 탯줄이 감겨 뇌에 산소 공급이 중단되면서 중증 장애를 얻었다. 혼자서는 몸을 움직일 수 없었고, 컴퓨터 장치 없이는 의사 표현을 할 수도 없었다.

릭이 열다섯 살 때 "장애가 있는 라크로스(끝에 그물이 달린 크로스라는 스틱을 사용해서 하는 하키 비슷한 구기 경기) 선수를 위한 자선 달리기 대회에 참가하고 싶다"고 말했고, 딕은 기꺼이 휠체어를 밀며 달리기로 결심했다. 그렇게 참여한 자선 달리기 대회에서 호잇 부자는 뒤에서 두 번째로 완주 테이프를 끊었으며, 이것이 '팀 호잇'의 시작이 되었다.

"아버지, 달리고 있을 땐 아무 장애가 없는 것처럼 느껴져요."

덕은 이런 아들을 위해 달리기를 멈출 수 없었다. 나아가 그는 수영과 자전거 훈련을 하여 철인 3종 경기에도 도전했다. '팀 호잇'은 1977년부터 2016년까지 40년간 마라톤 72차례, 철인코스 6차례를 포함해 트라이애슬론 257차례, 듀애슬론 22차례 등 총 1,130개 대회를 완주했다. 보스턴 마라톤 대회에서만 32차례 완주했다. 1992년에는 45일에 걸쳐 자전거와 달리기로 미대륙을 횡단하기도 했다.

세계 최강의 철인들 틈에서 아버지는 아들을 실은 고무배를 허리에 묶고 바다 수영을 했고, 아들이 앉은 특수 의자를 장착한 자전거를 탔다.

그가 아들과 함께 처음으로 출전하여 완주했던 마라톤 기록은 16시간 4분이었는데, 지속적으로 출전하면서 마라톤 최고기록이 놀랍게도 2시간 40분 47초까지 빨라졌다.

아들 없이 출전한다면 놀라운 기록이 나올 것이란 주

변 사람들의 반응에 아버지는 "릭이 아니라면 할 이유가 없다"고 잘라 말했다. 2013년에는 보스턴 마라톤 출발선 인근에 호잇 부자의 동상이 세워지기도 했다.

열세 살 때 초등학교에 입학해 1993년 보스턴대학에서 컴퓨터 전공으로 학위를 받은 릭은 자신의 경험담을 나눌 때마다 "아버지가 아니었으면 아무것도 할 수 없었을 것이다. 아버지는 내 날개 아래를 받쳐주는 바람"이라고 말했다.

나의 등 뒤에서 아버지가 밀고 계신다. 아들과 함께가 아니라면 뛸 이유가 없었던 딕 호잇처럼 하늘 아버지께서도 당신을 통해 하나님의 살아 계심이 나타나기를 원하고 계신다. 그것을 위해 지금도 우리 뒤에서 우리를 밀고 계신다.

그 아버지를 믿고 그 의자에서 이탈하지만 않으면 아버지께서 우리를 골인시켜주신다.

그날이 오면
하나님만 드러나길.

그날이 오면

환한 웃음으로 넉넉한 승리자가 되길.

그날이 오면

살리는 사람이 되길.

CHAPTER 6

살리는
사람

46 요셉이 애굽 왕 바로 앞에 설 때에 삼십 세라 그가 바로 앞을 떠나 애굽 온 땅을 순찰하니 47 일곱 해 풍년에 토지 소출이 심히 많은지라 48 요셉이 애굽 땅에 있는 그 칠 년 곡물을 거두어 각 성에 저장하되 각 성읍 주위의 밭의 곡물을 그 성읍 중에 쌓아 두매 49 쌓아 둔 곡식이 바다 모래 같이 심히 많아 세기를 그쳤으니 그 수가 한이 없음이었더라 50 흉년이 들기 전에 요셉에게 두 아들이 나되 곧 온의 제사장 보디베라의 딸 아스낫이 그에게서 낳은지라 51 요셉이 그의 장남의 이름을 므낫세라 하였으니 하나님이 내게 내 모든 고난과 내 아버지의 온 집 일을 잊어버리게 하셨다 함이요

성공 후에 생각하는 것들

요셉이 총리가 되었다. 요셉 위로는 애굽의 왕 바로밖에 없다. 누가 제일 두려웠을까? 보디발 아니었을까?

요셉은 보디발 아내의 모함을 받아 보디발의 집에 있던 감옥에 갇혀 있었다. "보디발, 당신은 어찌 여자 말만 듣고 나를 억울하게 감옥에 가뒀습니까?" 한마디 할 법도 한데, 요셉은 그러지 않았다.

그는 감옥에 있을 때도 하나님과 동행, 총리가 된 후에도 하나님과 동행했다. 이것이 중요하다. 고통 중에도, 성공한 후에도 동일하게 하나님과 동행하는 것은 쉽지 않다. 특히 엄청난 성공을 거둔 후에는 하나님을 잊을 때가 많다. 그러나 요셉은 감옥이 사역지였듯이, 총리의 자리도 주님이 주신 사역지였다.

우리는 선교지 위에 서 있는 사역자다.
선교사만 선교지에 가 있는 것이 아니다.
지금 우리가 서 있는 곳이 사역지다.

감옥이 그를 가두지 못한 것처럼, 총리의 자리도 그를 교만하게 만들지 못했다. 그에겐 하나님과 함께함이 가장 큰 가치였다. 하나님의 뜻대로 사는 것이 가장 중요했다.

낙심하지 마라.
감옥의 시간이 끝나는 그날이 온다.
낙심의 시간에 하나님만 붙잡고 버티며
성공의 시간을 준비하는 기도를 하자.
세상의 성공이 내 삶에 등장할 때
하나님의 손만 나타나길 기도하자.

요셉은 애굽의 살림을 맡았다. '살림'의 사전적 의미는
'한집안을 이루어 살아가는 일'이다. 즉, 나라 살림을 맡
았다는 것은 애굽이란 나라를 이루어 살아가는 일을 맡
은 것이다. 정말 굉장한 일을 맡은 것이다. 요셉은 보디
발의 집의 '살림'도 맡았었다. 감옥에서는 감옥의 살림을,
이제는 애굽의 살림을 맡았다. 작은 일에 충성하는 자를
하나님께서 사용하신다.

오늘의 성실함 없이 내일의 책임을 맡을 수는 없다. 요
셉은 살리는 사람이다. 가는 곳마다 살아난다. 하나님
과 동행하는 사람의 열매는 생명이다. 요셉은 국정을 살
피면서 온 나라에 풍요로움을 더욱 펼쳐간다.

요셉은 겸손하게, 맡은 일을 지혜롭게 헤쳐나간다. 풍
년이 왔을 때 그 풍년을 겸손하게 맞았다. 교만하게 맞지
않았다. 잘나갈 때 교만하지 않는다는 뜻이다. 겸손하게
하나님과 동행하면서 하나님의 축복을 잘 붙잡아놓는
다. 그리고 흉년의 때를 대비하는 지혜로운 모습을 볼 수
있다. 하나님과 동행한 요셉은 사람들을 살렸다. 자기만
사는 것이 아니라, 주변 국가까지 살아나게 했다.

형의 절을 받는 것에 기뻐했던 그는 아무도 살릴 수 없었다. 그러나 낮은 곳에서 붙잡았던 하나님과의 동행으로 그는 주변 국가까지 살리는 사람이 됐다.

기독교의 핵심은 생명이다.
십자가의 길은 살리는 길이다.
사람을 살리는 사람이 되어야 한다.

믿음은 그냥 고백하는 것이 아니다. 믿음은 결심하는 것이 아니다. 삶으로 살아가는 것이다. 삶으로 살아가지 않는 것은 생명력이 없는 것이다. 그 삶의 에너지가 성령이기를 바란다. 말씀을 삶의 에너지로 삼고 말씀대로 살아가자. 그 삶이 당신의 친구, 사업, 가정을 살린다.

형제를 지키는 자

사람이 이 땅에서 저지르는 가장 큰 범죄는 살인이다. 이 큰 죄악이 이 땅에 사람이 창조된 지 얼마 되지 않았을 때 일어났다. 가인과 아벨의 사건이다.

아우를 죽인 가인에게 하나님께서 물어보신다.

"너의 아우는 어디에 있느냐?"

가인이 대답한다.

"제가 아우를 지키는 자(brother's keeper)입니까?"

그러나 우리는 형제를 지키는 자가 맞다. 유행가의 노랫말처럼 우리의 만남은 우연이 아니다. 하나님이 개입하셨다.

그러니 우리에겐 서로를 지킬 책임이 있다. 세상의 빛으로 살아가는 방법은 내 옆에 있는 사람을 책임지는 것이다. 그것이 하나님이 원하시는 삶이다.

보육원 출신의 청년이 있다. 가족의 결핍 속에서 자란 그는 아름다운 가정을 세우기를 원했다. 그는 자신의 결핍을 사명으로 받아들이고 보육원 출신 청년들을 모아 큰 가족을 이루었다. 그리고 사회적 기업을 세웠다. 식물을 키우는 일을 하는 기업이다.

식물도 많은 관심과 사랑이 있어야 잘 자랄 수 있다. 그래서 그는 보육원 후배들과 함께 가족을 이루어 식물을 키우며 살아가고 있다. 그 회사의 이름이 '브라더스키퍼'(Brother's Keeper)이다.

하나님의 사람은 고난이 헌신의 이유가 된다. 결핍이 헌신의 이유가 된다. 고난에 묶여 지내지 않는다. 고통에 묶여 지내지 않는다. 고난과 고통 속에서도 우리와 동행하시는 하나님을 체험한다. 그래서 하나님과의 동행을 통해 우리의 아픔과 상처도 헌신의 이유가 된다.

결핍이 오히려 헌신의 이유가 되고, 고통과 고난의 시간이 헌신을 준비하는 시간이 되기를. 우리가 다 그러한 삶을 살게 되기를….

손을 내밀어 살리는 자가 되라

하나님과 동행함보다 더 귀한 것은 없다. 주님은 가장 깊은 고통 속에서 입은 상처도 치유해주신다. 그 치유로 타인을 치유하는 사람이 된다. 요셉은 원수 갚지 않았다. 그는 살리는 사람이 됐다.

고통을 지나 승리하고 성공하면 사람들은 승리를 만

끽하며 성공에 취한다. 나의 문제가 해결되면 하나님을 잊는 사람이 많다. 하지만 요셉은 그러지 않았다.

그는 손을 내밀어 사람을 살리고,
힘을 사용해서 사람을 살렸다.

요셉 한 사람이 많은 사람을 살려냈다. 생명의 사람은 주변을 살린다. 고통에 매이지 않아야 살리는 사람이 된다. 성공에 취하지 않아야 살리는 사람이 될 수 있다.

하나님이 그분의 형상으로 사람을 창조하시고 생기를 불어넣어주신 것처럼, 우리도 호흡을 통해 누군가를 살리는 사람이 되자. 우리는 그렇게 살기 위해 이 땅에 보내진 사람들이다.

손을 내미는 사람.
커피 한 잔을 사는 사람.
너는 혼자가 아니라고 말하는 사람.
"너에게는 내가 있어"라고 말하는 사람.

저돌적으로 찾아가라. 부정적인 반응에도 찾아가서 예수님의 사랑을 나누어보자. 그리하여 살리는 손, 살리는 입술, 살리는 인생이 되자.

절대적인 가치는 사람이 흔든다고 흔들리지 않는다. 하나님의 마음을 가는 곳마다 선포하라. 하나님 자녀의 권세를 드러내자. 하나님이 나와 함께하셔서 상처를 뛰어넘는다. 그것은 우리의 능력이 아니다.

고통과 실패의 자리에서 몸부림치며 기도하라. 그렇게 기도하다 그 문제가 해결되면 돌변하는 태도를 보이지 마라. 요셉처럼 하나님의 손을 체험하는 사람이 되자. 그래서 살리는 사람, 결핍이 헌신의 이유가 되는 사람이 되자. 고통이 주변이 살아나고 길을 찾게 되는 성숙의 이유가 되길.

예수님은 우리를 살리시려고 십자가에 달려 돌아가셨다. 자신의 십자가 문제를 해결할 수 없으셨기 때문이 아니라 생명의 길을 열어주시려고 그 길을 걸어가셨다. 그래서 우리 모두를 살리셨다.

그 복음은 이제 우리의 호흡이 되어
우리가 가는 곳마다 선포되고 전파되어야 한다.
자신의 상처에 주저앉지 말자.
아픔이 분노가 되게 하지 말자.

우리는 살리는 사람이다.

CHAPTER 7

다시 한번
은혜

18 사흘 만에 요셉이 그들에게 이르되 나는 하나님을 경외하노니 너희는 이같이 하여 생명을 보전하라 19 너희가 확실한 자들이면 너희 형제 중 한 사람만 그 옥에 갇히게 하고 너희는 곡식을 가지고 가서 너희 집안의 굶주림을 구하고 20 너희 막내 아우를 내게로 데리고 오라 그러면 너희 말이 진실함이 되고 너희가 죽지 아니하리라 하니 그들이 그대로 하니라 21 그들이 서로 말하되 우리가 아우의 일로 말미암아 범죄하였도다 그가 우리에게 애걸할 때에 그 마음의 괴로움을 보고도 듣지 아니하였으므로 이 괴로움이 우리에게 임하도다 22 르우벤이 그들에게 대답하여 이르되 내가 너희에게 그 아이에 대하여 죄를 짓지 말라고 하지 아니하였더냐 그래도 너희가 듣지 아니하였느니라 그러므로 그의 핏값을 치르게 되었도다 하니 23 그들 사이에 통역을 세웠으므로 그들은 요셉이 듣는 줄을 알지 못하였더라

믿음은 자유를 누리는 것

현대 사회는 스트레스와 중압감이 삶을 짓누르고 있다. 심하게는 성격과 정서 장애로 이어지고 있다. 정서적인 불안과 심적 갈등은 사람을 깊은 무기력에 빠지게 한다. 사탄은 그 틈을 파고들며 더 많은 불안과 스트레스, 그리고 갈등에 갇혀서 살게 한다.

믿음은 주님 안에서 자유를 누리는 것이다. 세상의 말에 흔들리지 않는다. 예수님의 이름으로 승부를 걸고, 주께서 주시는 것으로 만족하며 살아가는 것이다.

사탄을 이기려면 죄에 민감해지고, 그 죄에서 자유케 되어야 한다. 죄를 끊어내지는 못하면서 죄책감으로 살아가는 것은 최악의 선택이다.

신앙생활을 해서 죄가 무엇인지 아는데 죄를 끊어내지는 못해서 돌이키지 못하는 삶, 죄는 죄대로 짓고 그러면서 죄책감에 시달리며 살아가는 미련함을 끊어라. 그 감옥에서 해방되어야 한다. 회개하고 돌이키면 자유케 된다. 그리고 선을 행하며 말씀 중심으로 살아 그 자유를 지켜야 한다.

요셉을 이방의 노예로 팔아넘긴 다음 형제들은 어떻게 살고 있었을까? 아마도 마음 편하지는 못했을 것이다.

그들에게도 흉년이 다가왔다. 근방 모든 나라가 흉년으로 먹을 것이 없는데 애굽에 양식이 있다는 소문을 들었다. 그래서 그들도 양식을 구하기 위해 애굽으로 향했다. 요셉이 있는 그곳으로.

죄책감의 감옥

요셉의 형제들은 애굽의 총리 앞에 섰다. 그가 요셉인 줄은 꿈에도 모른 채.

요셉은 형제들을 한눈에 알아보았지만, 형제들은 요셉을 알아보지 못했다. 당연하다. 상상도 못 할 일이 아닌가.

요셉이 보고 형들인 줄을 아나 모르는 체하고 엄한 소리로 그들에게 말하여 이르되 너희가 어디서 왔느냐 그들이 이르되 곡물을 사러고 가나안에서 왔나이다 요셉은 그의 형들을 알아보았으나 그들은 요셉을 알아보지 못하더라
창 42:7,8

요셉은 형들을 보고 모른 체하며 그들을 시험했다.

"너희는 이곳에 왜 왔느냐? 너희는 정탐꾼이 아니냐?"

형제들은 깜짝 놀라 대답했다.

"아닙니다. 저희는 곡식을 사러 온 형제들입니다."

그러나 요셉은 그들을 계속해서 "아니다. 너희는 정탐꾼이 틀림없다"고 몰아붙였다. 그러자 형제들은 집에 두고 온 막내 베냐민과 자신들이 팔아넘긴 요셉의 이야기까지 꺼내며 자신들이 한 형제임을 강조했다.

요셉은 형제들을 3일간 감옥에 가두었다가 말했다.

막내 베냐민을 데리고 와서 너희들의 말이 진실임을 증명해보라고.

그때 형제들은 요셉을 떠올렸다.

그들이 서로 말하되 우리가 아우의 일로 말미암아 범죄하였도다 그가 우리에게 애걸할 때에 그 마음의 괴로움을 보고도 듣지 아니하였으므로 이 괴로움이 우리에게 임하도다 창 42:21

특히 르우벤은 죄책감 속에서 다시 한번 요셉의 핏값 이야기를 한다.

르우벤이 그들에게 대답하여 이르되 내가 너희에게 그 아이에 대하여 죄를 짓지 말라고 하지 아니하였더냐 그래도 너희가 듣지 아니하였느니라 그러므로 그의 핏값을 치르게 되었도다 하니 창 42:22

무슨 일만 생기면 '그때 우리가 잘못해서 그런 거지' 하고 생겨나는 죄책감. 그들은 그 자리에 요셉이 있는지도 몰랐다. 그러나 20년간 삶에 무슨 일만 일어나면 요셉을 향한 죄악 때문에 이런 일이 생겼다고 생각했다. 그 처절한 죄책감에 갇혀 살고 있었다.

'그때 우리가 잘못해서 그랬구나.'

눈엣가시 같은 요셉을 팔아버리면 자기들 인생이 더 편안해질 줄 알았는데 아니었다. 요셉은 감옥 안에서도 하나님과 동행하며 오히려 감옥이 사역지가 되었는데, 형제들은 계속해서 죄의 사슬 속에서 살아가고 있었다.

죄는 사슬이다.
우리를 묶는다.
한 번 짓는 것으로 끝나지 않는다.

죄의 문제를 해결하라

죄악에 묶여 지내지 마라. 신앙생활을 하면서도 죄에 대해 더 단호해지지는 못해 죄책감 속에 빠져 살 때가 있다. 죄는 해결해야 한다. 예수님의 이름으로 회개해야 한다. 회개하면 자유하다.

그러나 많은 이들이 회개했다고 하면서도 그 자유를 누리지 못하는 것은 회개 후 삶의 변화가 없어서다.

알리스터 맥그래스(Alister McGrath)는 "회심은 단순히 감정만의 문제가 아니라 우리의 세계관, 사고방식, 지성의 근본적인 변화다"라고 말했다.

변화가 회개의 열매다. 변화의 부재는 자유를 누리지 못하게 한다. 회개함으로 자유를 얻었으면, 이제 변화함으로 그 열매를 맺어야 한다. 그럴 때 진정한 자유를 누릴 수 있다.

강한 스트레스와 중압감은 우리의 무의식까지 지배한다. 불안, 좌절, 갈등에 갇혀서 살지 마라. 특히 죄책감의 감옥에 갇혀 살지 마라. 어쩔 수 없는 과거에 갇혀 살지 말고 이제는 주님께 나아와 해결하자.

하나님의 손이 드러나는 삶을 살라

그런 형제들을 보며 요셉은 무슨 생각을 했을까? 눈앞에 닥친 어려움 앞에서 과거에 자신들이 저지른 죄를 떠올리며 후회하는 형제들의 모습에 '쌤통이다'라고 생각했을까?

우리 같으면 형제들에게 복수하겠다고 집으로 쫓아가진 못하더라도, 지금처럼 제 발로 찾아온 형들을 보면 '옳다구나, 지금 죽으려고 자기 발로 찾아왔구나. 너도 어디 한번 구덩이에 들어가봐. 억울하게 옥살이 해봐' 하면서 실컷 괴롭히고 복수했을 것 같다.

그러나 요셉의 가치는 하나님과의 동행에 있었다. 내가 원하는 것을 이루는 데 있지 않았다.

하나님과의 관계는 하나님과의 교제이다. 요셉의 이야기는 하나님과 동행하는 이야기다. 억울한 누명 속에서도, 감옥에서도, 그리고 큰 성공 후에도 요셉은 모든 상황을 하나님과 동행함으로 바라보았다.

누구나 삶의 굴곡이 있다. 어려움과 억울함에도 빠지고, 헤쳐나오지 못할 것 같은 구덩이도 맞닥뜨린다. 내일 눈을 뜨고 싶지 않아도 어김없이 내일은 찾아온다. 그 혹독한 시간의 연속에도 믿음으로 하나님과 동행하면 사람의 손이 나타나는 인생이 아니라 오직 하나님이 하신 일이라고 고백할 수밖에 없는 일이 일어난다.

상황을 사람 중심으로 보면
내 손으로 해결하지만,
상황을 하나님 중심으로 보면
하나님의 손이 등장한다.

요셉은 모든 상황을 하나님과의 관계 안에서 보았다. 사람을 중심으로 상황을 판단하지 않았다. 그래서 원수 갚지 않았다. 형제들을 보며 고소해하지도 않았다.

하나님과의 동행은 그런 것이다. 내가 원하는 것을 이루는 것이 아니다.

무엇을 이루려고 하지 말고 하나님과 동행하라. 그 어디나 하늘나라임을 체험할 뿐 아니라 당신이 가는 곳에 천국이 임할 것이다. 하나님과 동행하니 나의 문제는 물론이요 다른 사람의 문제까지 해결된다. 남의 죄책감까지 해결하는 사람이 된다.

나 혼자 먹고사는 것이 아니라 다 같이 살아나게 한다. 그러니, 하나님과 동행하라.

내가 주의 영을 떠나 어디로 가며 주의 앞에서 어디로 피하리이까 내가 하늘에 올라갈지라도 거기 게시며 스올에 내 자리를 펼지라도 거기 게시니이다 내가 새벽 날개를 치며 바다 끝에 가서 거주할지라도 거기서도 주의 손이 나를 인도하시며 주의 오른손이 나를 붙드시리이다 내가 혹시 말하기를 흑암이 반드시 나를 덮고 나를 두른 빛은 밤이 되리라 할지라도 주에게서는 흑암이 숨기지 못하며 밤이 낮과 같이 비추이나니 주에게는 흑암과 빛이 같음이니이다 시 139:7-12

하나님과 함께하라. 앞서지 말고 따라가라! 어디서건, 어떤 상황이건 하나님과 동행하라!

하나님의 편에 서는 삶

남북전쟁이 한창 치열할 때의 일이다. 링컨은 노예해방을 내걸고 북군을 주재하며 남군과 대치했다. 하지만 남군을 쉽게 굴복시키지 못했고, 오히려 남군에 의해 북군이 치명타를 입고 있었다.

죽어가는 병사들을 바라보며 가슴 아파하던 링컨은

이 전쟁이 사람의 힘으로 종식될 수 없다는 사실을 절감하고 하루에도 몇 시간씩 하나님께 기도를 드렸다.

그 모습을 본 각료들이 링컨에게 이렇게 말했다.

"우리도 마음을 모아 하나님이 우리 편이 되어달라고 기도하겠습니다."

그때 링컨이 대답했다.

"하나님이 우리 편이 되어달라고 기도하지 말고, 우리가 하나님 편이 되게 해달라고 기도하시오."

여호와께 피하는 것이 사람을 신뢰하는 것보다 나으며 여호와께 피하는 것이 고관들을 신뢰하는 것보다 낫도다
시 118:8,9

신앙은 바로 이런 것이다. 하나님께 나의 소원을 들어달라고 요구하며 내가 원하는 것을 이루기 위해 애쓰는 것이 아니라 하나님이 우리의 주인이심을 고백하는 것이다. 상황이 어떻든 하나님과 늘 동행하는 것이다. 그리하여 하나님의 뜻이 이루어지는 것을 보는 것이다.

나의 꿈이 이루어지는 것이 아니라 하나님의 행하심이 이루어지는 삶이 되길, 상상도 못 한 일이 하나님의 역사로 이루어지는 삶이 되길 간절히 기도한다.

CHAPTER 8

달라진
행동

창세기 44장 14-17절

14 유다와 그의 형제들이 요셉의 집에 이르니 요셉이 아직 그 곳에 있는지라 그의 앞에서 땅에 엎드리니 15 요셉이 그들에게 이르되 너희가 어찌하여 이런 일을 행하였느냐 나 같은 사람이 점을 잘 치는 줄을 너희는 알지 못하였느냐 16 유다가 말하되 우리가 내 주께 무슨 말을 하오리이까 무슨 설명을 하오리이까 우리가 어떻게 우리의 정직함을 나타내리이까 하나님이 종들의 죄악을 찾아내셨으니 우리와 이 잔이 발견된 자가 다 내 주의 노예가 되겠나이다 17 요셉이 이르되 내가 결코 그리하지 아니하리라 잔이 그 손에서 발견된 자만 내 종이 되고 너희는 평안히 너희 아버지께로 도로 올라갈 것이니라

선한 것도 늘고, 악한 것도 는다

습관은 무섭다. 공부 잘하는 사람은 공부를 잘할 수밖에 없는 습관이 있다. 집중하고, 잠시 쉴 때도 작은 책이라도 손에서 놓지 않는다. 공부 못하는 친구들은 모처럼 마음먹고 공부하려는 날 책상 치우고 정리하다가 힘들어서 잔다.

영적인 것도 마찬가지다. 영적인 사람에게도 더욱 깊이 하나님을 붙잡는 삶의 모습이 분명히 있다. 반면 악의 사람은 지속적인 악행의 습관으로 악이 깊어진다.

우리 교회에 주유소를 운영하는 집사님이 계신다. 식

물을 좋아해서 그 주유소 마당에는 화분이 정말 많았다. 그런데 화분을 훔쳐 가는 도둑이 있었다. 무려 일곱 번이나 화분을 훔치다 결국 잡혔다.

CCTV로 현장 화면을 보니, 첫 번째 범행 때는 두리번거리고 허둥대다가 화분 하나 집어 들고 뛰어 도망갔다고 한다. 그러나 두 번째 훔칠 때는 덜 두리번거리고, 세 번째부터는 자기 것처럼 가지고 갔다고 한다. 그리고 마지막에는 차를 갖다 대고 화분을 통째로 실으려다 잡혔단다.

악한 것도 늘고, 선한 것도 는다.
영적인 것도 깊어지고,
세상적인 것도 깊어진다.
둘 다 는다.
당신은 오늘, 어느 쪽이 늘고 있는가?

한 번 잘못은 실수라고 한다. 하지만 계속하면 습관이 되고, 습관은 라이프스타일이 된다. 영적으로 민감하고 하나님과의 동행을 가장 우선하는 모습이 우리의 습관이 되고, 라이프스타일이 되어야 한다.

신앙의 생명은 변화에 있다.
신앙에서 가장 중요한 것은 변화이다.

주님을 닮아가고 있는가?
주님을 향해 가고 있는가?
구체적인 변화가 있는가?

예수님과 동행함으로 예수님을 닮은 모습으로 변화되어야 한다. 그리고 그 변화가 삶에 드러나 주변 사람들도 느낄 수 있어야 한다.

아주 작은 변화, 변화의 첫걸음은 나도 잘 못 느끼고 남도 잘 못 느낀다. 그러나 많은 변화가 일어나면, 작은 변화들이 쌓이고 쌓이면 변혁이 된다. 작은 변화들이 쌓이지 않으면 어떤 변혁도 일어나지 않는다.

마음먹고 한 일주일 동안 열심히 영적인 생활을 했다 한들, 그 변화는 자신도 잘 느끼지 못할 것이다. 그러나 그 한 주의 삶이 10주가 되고, 50주가 되고, 500주가 되어 쌓이고 쌓이면 변화는 변혁으로 이어지고, 그 영적 깊이는 귀한 능력이 될 것이다.

성경을 보고, 기도하며,
감사로 주님과 동행하는 것을
오늘부터 시작하라.

그 시간이 길어질수록 영적 깊이가 깊어질 것이며, 그 삶에 영적 능력이 반드시 나타날 것이다. 신앙의 생명은 변화에 있다.

너희는 유혹의 욕심을 따라 썩어져 가는 구습을 따르는 옛 사람을 벗어 버리고 오직 너희의 심령이 새롭게 되어 하나님을 따라 의와 진리의 거룩함으로 지으심을 받은 새 사람을 입으라 엡 4:22-24

우리는 의와 진리의 거룩함으로 지으심을 받은 '새 사람'을 입어야 한다!

작지만 위대한 변화

성경에 등장하는 인물 중에 위대한 인물은 한 명도 없다. 성경엔 항상 위대한 하나님, 위대한 하나님의 역사, 위대한 하나님과의 만남만 있다. 그리고 그 위대한 하나님과의 만남이 있을 때는 반드시 '사람의 변화'라는 역사가 있다.

그 변화는 하루아침에 나타나는 극적인 변화가 아니다. 그 변화는 대개 작은 변화들이 계속해서 이어지고, 하나님과 동행함으로 열매 맺고, 그 열매를 통해 변혁이 일어나는 것이다. 요셉도 그런 인물이었다.

처음 만난 요셉은 그다지 매력적이지 않았다. 사실 엄청 재수 없는 스타일 아닌가? 아빠 빽 믿고 모두를 업신여겼던 아이다.

그러나 죽음의 구덩이에서 요셉은 절실하게 하나님을 붙잡았고, 노예 생활하며 고생할 때도, 억울한 일을 당하여 감옥에 갇히는 순간에도 하나님과 동행했다. 그리고 그 모든 순간 작은 변화들이 계속되었고, 작은 변화들이 쌓이고 쌓여 뼛속까지 변화되는 변혁으로 이어졌다.

단 한 번의 영적인 체험이 구체적인 변화로 이어지기는 어렵다. 어느 한 집회에서 받은 큰 영적 체험으로 평생을 살 수 없다. 그러나 매일 주님과 동행하는 것이 얼마나 중요한지를 기억하며 하루하루 말씀으로 살아가다 보면 작고 소소한 변화들이 쌓이고 쌓여 변혁으로 이어진다. 오늘 우리는 오늘의 만나를 챙겨 먹어야 한다!

나의 최선이 아니라 하나님의 역사

앞에서 살펴봤듯이, 요셉은 애굽의 총리가 되었다. 그리고 양식을 구하기 위해 애굽에 온 형제들을 만났다. 요셉은 형들을 알아보았지만, 형들은 요셉을 알아보지 못했다. 꿈에도 생각 못 할 일이기 때문이다. 어디 가서 죽었거나 구걸이나 하면서 겨우 살았을 요셉이 애굽의 총리가 되었으리라고 어느 누가 생각이나 했을까!

과거 그들은 같은 지위에 있었다. 하지만 지금, 요셉만 천지개벽을 했다.

요셉의 삶은 사람이 최선을 다해 이루어진 삶이 아니

다. "내가 최선을 다했더니 이렇게 이룰 수 있었다"라고 말할 수 있는 삶이 아니다.

요셉은 사람의 최선이 아니라 하나님의 역사가 드러나는 삶을 살았다. 하나님의 손이 드러나고, 하나님의 능력과 임재가 드러나는 삶을 살았다. 그래서 상상도 못 할 일을 하나님은 요셉에게 허락하셨다.

구덩이에 빠진 것 같은
오늘의 시간을 보내고 있다면
하나님을 붙잡겠다고 결단하라.
매일매일 그렇게 하나님을 붙잡고
하나님과 동행하라.
'하나님만 하실 수 있구나!'
고백할 수밖에 없는 일들이 펼쳐질 것이다.

우리의 삶도 우리의 최선이 아니라 하나님의 능력과 하나님의 역사가 드러나는 삶이 되기를 바란다.

희생을 선택하는 삶

요셉은 형들을 보니 동생 베냐민이 보고 싶었을 것이다. 야곱의 열두 아들 중에서 요셉과 베냐민만 라헬에게서 낳은 아들이었다. 그래서 형들을 향해 "너희들은 정탐꾼이 아니냐?"란 억지를 부려 시므온을 붙잡아두고 막내 베냐민을 데리고 와서 한 형제임을 증명하라고 했다. 그리고 그들이 낸 곡식값을 그들의 곡식 자루에 도로 넣어두었다.

형제들은 집으로 갔다. 가서 보니 곡식 자루에 돈뭉치가 들어 있는 게 아닌가! 애굽에 다시 가면 죽게 생겼다. 그러니 베냐민을 안 데리고 갔다가는 진짜로 죽게 된 상황이다. 이런 상황 속에서 우리는 유다에게 집중해야 한다. 유다는 형제들이 요셉을 죽이고자 할 때 '죽이지는 말자'고 했던 인물이다. 그러나 요셉이 애굽의 노예로 팔려 가는 것은 막지 못했다. 그때 그가 마음먹은 것이 하나 있었다.

'더 이상 이런 일이 있으면 안 된다…!'

유다가 그의 아버지 이스라엘에게 이르되 저 아이를 나와 함께 보내시면 우리가 곧 가리니 그러면 우리와 아버지와 우리 어린아이들이 다 살고 죽지 아니하리이다 내가 그를 위하여 담보가 되오리니 아버지께서 내 손에서 그를 찾으소서 내가 만일 그를 아버지께 데려다가 아버지 앞에 두지 아니하면 내가 영원히 죄를 지리이다 창 43:8,9

유다는 베냐민의 안전을 걱정하며 데리고 가지 못 하게 하는 아버지 야곱에게 자신이 담보가 되겠다고 한다.

"걱정하지 마세요, 아버지. 제가 담보가 되겠습니다. 더 이상 요셉과 같은 일은 없습니다. 무슨 일이 있어도 베냐민을 지키겠습니다."

하나님의 사람에게는 지속적인 변화가 일어난다. 요셉의 일을 막지 못했던 유다는 자신이 담보가 되어서라도 베냐민을 지키겠노라고 희생을 선택하는 사람이 되어 있었다.

그런데 유다의 변화 앞에서 야곱에게도 변화가 일어났다.

전능하신 하나님께서 그 사람 앞에서 너희에게 은혜를 베
푸사 그 사람으로 너희 다른 형제와 베냐민을 돌려보내게
하시기를 원하노라 내가 자식을 잃게 되면 잃으리로다

창 43:14

'베냐민은 절대로 데려갈 수 없다'고 했던 이전의 모습
과 달리 "내가 자식을 잃게 되면 잃으리로다"라고 하며
이 문제를 전능하신 하나님 앞에 내어놓는다.

당신의 삶에는 어떤 변화가 있는가? 사람이 어떤 일을
10년을 하면 분명한 변화가 있다. 운동을 10년을 하든,
공부를 10년을 하든, 어떤 일을 10년을 하면 뚜렷한 성
취의 결과가 있다.

그런데 영적인 일에는 너무 변화가 없다. 10년을 신앙
생활 해도 거의 비슷하다. 그리고 그에 대한 부담도 별로
없는 것 같다. 오히려 처음에는 뜨겁다가 계속해서 점차
식어가는 신앙생활을 하기 일쑤다. 아무런 변화 없이 살
아가는 것을 당연하게 여기지 말라.

거룩을 향한 몸부림 없이
희생을 선택하는 결단 없이
영적인 민감함 없이
하나님과 동행할 수 없다.
헌신은 하나님과 동행하는 것이다.

매일매일 나도 느끼지 못하는 작은 변화가 쌓이면 놀라운 변화로 이어진다. 다만 그러기 위해선 날마다 거룩을 향한 몸부림으로, 희생을 선택하는 결단으로 하나님과 동행해야 한다. 그렇게 하나님과 동행하며 자신도 느끼지 못하는 작은 변화들이 쌓이면 놀라운 변화로 이어진다.

거룩도 늘고, 악함도 는다는 사실을 기억하라. 거룩을 선택하는 습관을 삶의 태도로 정하라. 거룩한 라이프스타일을 구축하라.

형제를 팔았던 자가 형제를 대신하여 종을 자처하다

43장 이후에 형제들은 결국 베냐민을 데리고 다시 애

굽으로 향했다. 요셉은 베냐민을 보자 추스르기 힘들 정도로 감정이 복받쳤다.

형제들이 다시 돌아갈 때 요셉은 베냐민의 곡식 자루에 자신의 은잔을 넣어두었다. 그리고 멀리 가기 전에 요셉의 신하들이 쫓아가 "너희가 어찌하여 선을 악으로 갚느냐? 내 주인의 은잔을 어찌하여 훔쳐갔느냐?"라고 호통을 친다.

형제들은 아연실색이다.

"우리가 결단코 그런 일을 하지 않았습니다."

하지만 베냐민의 자루에서 은잔이 나온다. 요셉은 베냐민을 두고 가라고 호통을 친다.

"내 은잔을 훔친 저 자를 두고 가라. 앞으로 내 종이 될 것이다. 그리고 너희들은 가라."

그때 유다가 말한다.

아버지가 아이의 없음을 보고 죽으리니 이같이 되면 종들이 주의 종 우리 아버지가 흰 머리로 슬퍼하며 스올로 내려가게 함이니이다 주의 종이 내 아버지에게 아이를 담보하기를 내가 이를 아버지께로 데리고 돌아오지 아니하면

영영히 아버지께 죄짐을 지리이다 하였사오니 이제 주의
종으로 그 아이를 대신하여 머물러 있어 내 주의 종이 되
게 하시고 그 아이는 그의 형제들과 함께 올려보내소서

창 44:31-33

유다는 요셉에게 "제가 대신 남겠습니다. 제가 베냐민
대신 당신의 종이 되겠습니다"라고 말한 것이다. 형제를
팔았던 자, 형제를 버렸던 자가 변화되었다. '나는 다시
는 형제를 버리지 않을 것이다. 다시는 아버지께 슬픔을
안겨드리지 않을 것이다' 결심했던 유다가 자신이 대신
종이 되겠다고 말하고 있는 것이다.

예수님은 우리를 대신하여 십자가를 지셨다. 그래서
예수님의 삶을 따라가는 예수님의 제자는 형제의 아픔을
대신하는 삶, 형제의 고통을 대신하는 삶, 형제의 눈물에
함께하는 삶을 마땅히 살아야 한다.

자기 삶을 살아내기에 버거워만 했지, 인생에서 누군가
를 위해 희생해본 적이 있나? 나만 힘들다 했지, 동료의
버거움을 살펴본 적이 있나?

이제부터는 누군가를 위하여 대신하고, 누군가와 함께 하며, 누군가와 함께 눈물 흘리는 변화가 일어나기를 바란다. 그것이 우리에게 필요하다.

주님이 우리를 대신하여 십자가를 지셨기 때문에 우리에게는 자유가 있다. 평안이 있다. 기쁨이 있다. 그것을 세상의 가치와 세상의 것을 선택하여 빼앗기지 말라! 하나님 안에 있어야 그것을 누릴 수 있다.

주님의 것을 붙잡고 선택하는 습관을 가지라.
주님의 말씀에 순종하고,
주님의 말씀을 붙잡는 습관을 가지라.
그리고 그것이 라이프스타일이 되기를 기도하라.
그러면 거룩이 는다.
거룩이 깊어진다.
능력이 나타나기 시작할 것이다.

오늘 하루 거룩하게 살았다고 해도 당장은 큰 차이가 없지만, 그런 날들이 쌓이기를, 작은 변화들이 쌓여서 큰 변혁이 일어나는 삶을 살게 되기를 축복한다.

주님의 것을 선택하는 삶에서 '깊은 거룩'이 시작된다. 거룩의 선택이 쌓이고 쌓이면, 예배가 쌓이고 쌓이면 행동이 달라진다.

형제자매를 위해 중보기도를 시작하자. 공동체를 위해 기도하자. 말씀을 나누고 마음을 나누자. 이것은 위대한 영적 삶이 아니라, 영적 기본이다.

코로나 사태를 맞으면서 어렵고 힘든 시간이 계속되고 있다. 사람을 만나기 어려운 시대가 지속되면서 언젠가부터 전도에 부담을 갖지 않는 모습을 보게 된다. 천국 잔치는 한 영혼이 돌아왔을 때 열린다. 주께서 가장 기뻐하시는 일을 알면서 안 하는 것은 주님과 동행하는 사람의 모습이 아니다.

하나님과 동행하며 이웃과 함께하자.
흠 없는 정결함으로
하나님께 예배하게 하시려고

예수님은 십자가를 지셨다.

우리를 책임져주셨다.

우리도 서로를 책임지자.

하나님은 나의 있는 모습 그대로를 사랑하신다고 하면서 변화 없는 자신의 모습을 합리화하지 말라.

살아 있는 예배가 무엇인가? 산 제사로 주님께 드려지는 삶은, 모든 것을 드리는 것이다.

거룩을 붙잡고 거룩을 향하여 삶의 순간순간 구체적으로 변화하자.

살아 계신 하나님의 손길이 여기저기서 일하고 계심을 목격하며 살아가는 우리의 삶이 되길…. 두루뭉술하게 뜬구름 잡는 것처럼 신앙생활 하지 않기를….

하나님 앞에서는 예배하고, 하나님을 신뢰하고, 하나님 앞에서 성장하기를…. 공동체 안에서는 함께 기뻐하고, 함께 꿈을 꾸고, 함께 나눔이 있는 매일매일 구체적인 변화의 열매를 맺는 우리가 되기를….

마음을 먹고,

정신을 차려서,

또렷하게.

하나님의 가치를 붙잡고,

하나님의 말씀에 구체적인 순종을 해나가자.

그래서 10년 후, 20년 후에는

변혁의 열매가 맺히기를 바라본다.

CHAPTER 9

생명의
사람

창세기 45장 1-5절

1 요셉이 시종하는 자들 앞에서 그 정을 억제하지 못하여 소리 질러 모든 사람을 자기에게서 물러가라 하고 그 형제들에게 자기를 알리니 그 때에 그와 함께 한 다른 사람이 없었더라 2 요셉이 큰 소리로 우니 애굽 사람에게 들리며 바로의 궁중에 들리더라 3 요셉이 그 형들에게 이르되 나는 요셉이라 내 아버지께서 아직 살아 계시니이까 형들이 그 앞에서 놀라서 대답하지 못하더라 4 요셉이 형들에게 이르되 내게로 가까이 오소서 그들이 가까이 가니 이르되 나는 당신들의 아우 요셉이니 당신들이 애굽에 판 자라 5 당신들이 나를 이곳에 팔았다고 해서 근심하지 마소서 한탄하지 마소서 하나님이 생명을 구원하시려고 나를 당신들보다 먼저 보내셨나이다

하나님이 하셨다!

구체적인 변화 속에서 요셉과 형제들은 만났다. 변화되는 것이 은혜다. 구체적인 변화가 없으면 예수님 믿는 것이 아니다. 자신의 과거나 생각 속에 갇혀 지내면 안 된다. 그것이 감옥이다.

유다가 책임을 자처하며 나섰을 때, 요셉은 참지 못하고 울며 자신의 정체를 밝힌다. 유다의 구체적인 변화를 보며 요셉은 '나와 함께하셔서 나를 변화시켜주신 하나님이 형제들에게도 역사하셔서 저들도 변화시켜주셨구나'라는 것을 알았다.

나만 변화시키시는 하나님이 아니시다. 형제들도 변화

시키신다. 나의 변화도 감사하지만, 형제의 변화에는 더 큰 감동이 있다. 그래서 감정이 너무 북받쳐서 정을 억제하지 못하여 형제들에게 자기를 알리고 큰 소리로 울었다. 그러면서 이렇게 말한다.

당신들이 나를 이곳에 팔았다고 해서 근심하지 마소서 한탄하지 마소서 하나님이 생명을 구원하시려고 나를 당신들보다 먼저 보내셨나이다 창 45:5

놀라운 고백이다. 요셉은 지금 자신의 상황이나 자신의 감정에 집중하지 않는다. 하나님의 사람은 자신의 상황에 초점을 두지 않고 하나님께 초점을 둔다.

자기들이 팔았던 요셉이 애굽의 총리가 되어 자기들 앞에 나타났으니, 형제들은 얼마나 놀랐겠는가? 드디어 그날이 온 것이다. 자기를 죽이려 하고 노예로 팔아 넘긴 형제들에게 복수할 수 있는 그날이.

그러나 요셉은 형제들에게 "근심하지 말라"고 한다. 그러면서 이렇게 고백한다.

"당신들이 한 것이 아니다. 당신들이 한 것 같지만 하나님이 하셨다."

이 고백으로 요셉은 형제들에게 과거 죄책감으로부터의 자유함까지 주었다.

하나님의 손이 드러나는 사람, 하나님의 마음이 드러나는 사람, 하나님의 임재가 드러나는 사람은 상황 속에서 벌어지는 일들이 사람을 통해서 이루어졌다고 생각하지 않는다. 하나님의 놀라운 계획 속에서, 하나님의 놀라운 역사 속에서 그 일들이 이루어졌음을 안다.

때로는 어려운 일을 당하여 하나님을 붙잡을 때가 있다. 때로는 어려운 시간을 통해서 새로운 예배를 찾을 때가 있다. 선교 역사를 보면 전쟁이 터지거나 포로가 되면서 선교가 일어날 때가 있다.

우리 인생에 어려운 일이 있느냐 없느냐가 아니라, 하나님이 함께하시고 하나님이 역사하고 계신가가 가장 중요한 포인트다.

하나님께서 생명을 구원하시려고 이 일을 행하셨다.
하나님의 손과 마음이 드러나는 사람을 통해.

놀라운 계획 속에서 하나님께서 하셨고 하나님께서 이루셨다. 하나님의 사람은 하나님께서 하시는 일을 목격하고 쓰임 받는 것이다. 형제들에게 그는 선포한다.

"그러니까 걱정하지 않아도 된다."

용서하면 형제의 변화가 감사하다

자신의 삶에 쭉 함께하셨던 하나님이 이 모든 일을 이루셨음을 분명히 알았던 요셉은, 자신의 삶 속에서 역사하시며 자신을 변화시키신 하나님께서 형제들도 변화시키셨음을 보며 하나님이 행하신 일들을 찬양하기 시작했다.

여기서 중요한 것은, 그의 삶에서 일어난 일들이 생명을 구하시기 위해 하나님이 행하신 일이라고 고백한 요셉이 이미 그의 형제들을 용서했다는 사실이다. 그가 형제들을 용서하지 않았다면, 유다가 변화된 모습도 그에겐 상처로 다가왔을 것이다.

용서하면 형제의 변화가 감사하다.

용서하지 못하면 그것도 상처가 된다.

어찌 이런 사람을 용서하십니까?

어찌 이런 인간을 사용하십니까?

용서하지 못하면 감사할 수 없고, 용서하지 못하면 끌어안을 수 없고, 용서하지 못하면 새롭게 될 수 없고, 용서하지 못하면 다른 사람의 변화도 상처가 될 수밖에 없다.

그런데 우리는 다 용서를 받은 자들이다. 하나님께 용서받은 자들로서, 나는 용서할 수 없지만 하나님께 받은 용서를 흘려보낼 수 있는 것이다.

하나님께서 그도 용서하시고 그도 사용하시니 내가 이 자리에 있는 것이다.

감사의 눈물, 감격의 눈물

요셉은 눈물만 흘린다. 용서를 넘어 생명을 살릴 수 있음을 감사한다.

총리로서 다른 사람들과 다른 민족들을 살리면서 요

셉의 내면에는 이런 고민이 있었을 것이다.

'나의 가족은 어떻게 살릴 수 있을까?
나의 민족은 어떻게 살릴 수 있을까?'

그런데 하나님이 요셉 앞에 형들을 데려다놓으신 것이다. 이제 그는 용서를 넘어서 생명을 살릴 수 있음에 감사했고, 기쁨의 눈물을 흘렸다.

'이제 살았다. 우리 식구들.'

형제들도 모두 눈물을 흘린다. 놀라서도 눈물을 흘리고, '이젠 우리가 어떻게 될까?' 걱정되어서도 눈물을 흘리고, 요셉이 용서해준다니 감사해서도 눈물을 흘린다.

용서한 사람의 눈물과 용서받은 사람들의 눈물. 기쁨의 눈물과 회개의 눈물. 구원의 감격의 눈물과 말씀을 지켜낸 눈물. 각각의 눈물이 다르다.

바라기는, 구원의 감격의 눈물로 시작했으면 말씀을 지켜내는 눈물로 이어지길 바란다. 구원의 감격의 눈물로만 신앙을 지탱해나가는 것이 아니라 말씀을 지켜내는 변화의 감사로 눈물이 이어지기를 바란다.

하나님의 꿈

하나님의 손이 드러나 온 민족을 다 살리는 삶이 되었다. 사실 요셉이 꾼 꿈은 하나님이 하실 일의 아주 작은 부분이었다. 절하고 절받는 것이 꿈의 포인트가 아니었다. 요셉이 형들을 업신여길 이유도, 형들이 그를 미워할 이유도 없었다. 미숙하면 절받고 성숙하면 살린다.

하나님의 꿈은 요셉을 생명의 사람으로 사용하시는 것이었다. 구원의 계획이었다. 엄청난 하나님의 계획이었다. 오늘도 우리를 구원하시는 하나님의 계획이 있다. 그 사실을 기억하자.

십자가에서 예수님은 "저들의 죄를 용서하옵소서. 저들은 자신들이 하는 행동을 모릅니다"라고 기도하셨다. 그리고 "다 이루었다"라고 하시며 숨을 거두셨다. 십자가 위에서 우리의 모든 죗값을 치르신 주님의 역사를 기억하며 그분을 따르자.

용서함을 받았으니
용서하고,
구원을 받았으니
전도하고,
사랑을 받았으니
섬기라.

요셉은 끝까지 그의 가족과 이스라엘 민족을 살렸다.
살길을 열어주었다.

걱정하지 마라,
구원의 손이 있다.
슬퍼하지 마라,
위로의 말씀이 있다.
절망하지 마라,
부활의 능력이 있다!

요셉이 그들에게 이르되 두려워하지 마소서 내가 하나님
을 대신하리이까 당신들은 나를 해하려 하였으나 하나님

은 그것을 선으로 바꾸사 오늘과 같이 많은 백성의 생명을 구원하게 하시려 하셨나니 당신들은 두려워하지 마소서 내가 당신들과 당신들의 자녀를 기르리이다 하고 그들을 간곡한 말로 위로하였더라 **창 50:19-21**

우리는 복수의 사람이 아니다. 우리도 용서받은 생명의 사람이다. 나는 용서할 수 없는데, 주님의 용서가 내게 임했다. 이제 용서의 마음을 흘려보내자. 하나님의 마음이 드러나는 삶을 살아보자.

하나님께서 한 사람 요셉을 통하여 일하신 것처럼
오늘, 우리가 그 한 사람이 되길.

살리는
사람으로 살라

아무도 하나님을 제대로 믿지 않는 시대에도 소수의 믿음의 사람들을 통하여 하나님께서는 항상 은혜를 베풀어주셨다. 요셉이라는 한 사람을 통하여 이스라엘과 그 주변 국가들이 살아났다. 한 사람의 능력이 하나님의 손에 붙잡힐 때, 얼마나 귀한 일이 행해질 수 있는지 알 수 있다.

지금 우리는 혼탁하고 혼란스러운 시대를 살아가고 있다. 서로 사랑하지 않고 미워하고 비난하며 살아가고 있다. 형제를 죽이려 하고 팔아넘기는 죄악을 우리도 저지르며 살아가고 있다.

겉으로는 다 내 편 같지만 그 속을 들여다보면 내 편은 아무도 없다. 가장 가까운 가족에게 배신당하고 버림받았던 요셉처럼. 그에겐 가장 든든했던 아버지의 사랑조차 소용없었다.

요셉이 끝내 자기 옆에 아무도 없음을 비관하며 좌절했다면, 그의 인생은 죽이는 인생, 망하는 인생이 되고 말았을 것이다. 그러나 그는 죽음의 구덩이 안에서 하나님의 손을 붙잡았고, 그 후로 어느 자리에 서든 하나님과 동행하는 것을 최고의 가치로 삼았다. 그리고 그는 살리는 삶을 살았다.

죽이는 삶을 살지 마라. 요셉처럼 살리는 삶을 살아야한다. 이 땅의 옳음과 그름을 판단하며 재판장 자리에

앉지 말고, 요셉처럼 주님과 동행하자. 무엇인가를 이루려 하지 말고 주님을 붙잡고 그분과 동행하자.

살아가며 제일 중요한 것은 '어떠한 일을 이루었느냐'가 아니고 '하나님과 동행했는가'이다. 아무리 사람의 눈으로 보기에 엄청난 일을 했어도 주님과 동행하지 않았다면 아무런 의미가 없다.

우리는 이곳에서의 삶이 끝이 아니다. 천국 시민으로서 살아가야 한다. 그러므로 이 땅의 가치로 한 걸음 내딛는 것이 아니라 하나님과 동행함으로 그분과 발맞추며 나아가야 하는 것이다.

주님 말씀하시면 내가 나아가리다.
주님 말씀하시면 내가 멈춰 서리다.

하나님과 동행함으로

감옥에서도 갇히지 않는 능력을 나타내길.
그분과 동행함으로 사람의 힘이 아닌
하나님의 손이 드러나길.

하나님과 동행함으로 형통의 참된 의미를 선포하자.
하나님은 당신과 동행하길 원하신다.
그분과 동행하지 않으면 우리는 길 잃은 양이 된다.
동행은 능력이다!

내 편은 아무도 없었다

초판 1쇄 발행   2021년 8월 17일

지은이   홍민기

펴낸이   여진구
책임편집   이영주 기은혜 정선경
편집   최현수 안수경 김도연 최은정 김아진 정아혜
책임디자인   마영애 조아라 | 노지현 조은혜
기획 · 홍보   김영하
마케팅   김상순 강성민 허병용   마케팅지원   최영배 정나영
제작   조영석 정도봉   경영지원   김혜경 김경희

303비전성경암송학교 유니게과정   박정숙 최경식
이슬비전도학교 / 303비전성경암송학교 / 303비전꿈나무장학회   여운학

펴낸곳   규장

주소 06770 서울시 서초구 매헌로 16길 20(양재2동) 규장선교센터
전화 02)578-0003   팩스 02)578-7332
이메일 kyujang0691@gmail.com   홈페이지 www.kyujang.com
페이스북 facebook.com/kyujangbook   인스타그램 instagram.com/kyujang_com
카카오스토리 story.kakao.com/kyujangbook
등록일 1978.8.14. 제1-22

ⓒ 저자와의 협약 아래 인지는 생략되었습니다.
이 출판물은 저작권법에 의해 보호를 받는 저작물이므로 무단 전재와 무단 복제를 할 수 없습니다.

책값   뒤표지에 있습니다.
ISBN 979-11-6504-231-8 03230

규 | 장 | 수 | 칙

1. 기도로 기획하고 기도로 제작한다.
2. 오직 그리스도의 성품을 사모하는 독자가 원하고 필요로 하는 책만을 출판한다.
3. 한 활자 한 문장에 온 정성을 쏟는다.
4. 성실과 정확을 생명으로 삼고 일한다.
5. 긍정적이며 적극적인 신앙과 신행일치에의 안내자의 사명을 다한다.
6. 충고와 조언을 항상 감사로 경청한다.
7. 지상목표는 문서선교에 있다.

하나님을 사랑하는 자 곧 그의 뜻대로 부르심을 입은 자들에게는 모든 것이 合力하여 善을 이루느니라(롬 8:28)

 규장은 문서를 통해 복음전파와 신앙교육에 주력하는 국제적 출판사들의 협의체인 복음주의출판협회(E.C.P.A:Evangelical Christian Publishers Association)의 출판정신에 동참하는 회원(Associate Member)입니다.